·品读世界历史　汲取无穷智慧·

# 世界上下五千年

④

文若愚　编著

團结出版社

# 世界大战时期

## 三国协约

随着德、意、奥三国关系日益密切，英、法、俄也随之走到了一起。

当新兴资本主义国家迅速崛起的时候，老牌资本主义国家也奋力争夺地盘，尤其是英、法两国，与德国之间的摩擦与日俱增，为此，英法两国都开始在世界范围内寻找可以并肩作战的战友。

其实，明眼人都能看出，三国同盟的主要针对对象是法国，看到三个国家的矛头直指自己，法国怎么能不着急呢？于是，心急如焚的法国开始把眼光盯上了德国的邻邦俄国。

1879 年，为了对付俄国在巴尔干地区的扩张，德国与奥匈帝国在维也纳签订《德奥同盟条约》。俄国本来就对德国相当仇恨，

位于巴黎以沙俄亚历山大三世的名字命名的大桥，成为 19 世纪后半叶俄、法关系密切的历史见证。

看到德国公开与己为敌，自然气愤得很。这一切都被法国看在眼里，法国认为拥有广阔疆土的俄国足以使自己单薄的力量增加不少，于是开始对俄国进行拉拢。

1888 年，法国向俄国贷款 5 亿法郎，次年又向俄国贷款 19 亿法郎，此后，又相继向俄国贷款数次。到 1893 年双方签订条约时止，法国已累计向俄国贷款 100 多亿法郎。

看到法国对自己如此仗义，俄国感激涕零，俄国也早想找一些同伴与自己一起承担德、意、奥三国联合带来的危险。在这种情况下，法、俄两国军事首领于 1892 年签订了秘密的军事协定，这一协定在 1893 年 12 月 15 日和 1894 年 1 月 4 日分别得到了两国政府的批准。协约规定，如果意大利或奥匈帝国在德国支持下进攻俄国，法国应与俄国并肩作战。

虽然与俄国签订了军事协定，但法国还是觉得没有安全感，于是，又开始寻找战友。找来找去，法国觉得只有英国才算得上是一个好帮手。虽然此时的英国已经没有了昔日的辉煌，但依然是世界上数一数二的强国。而这时，英国也正遭受着来自德国的威胁。

迫于形势，不久之后，英国就对法国的拉拢做出了反应。1903 年春，英王爱德华七世访法，这次访问是英、法亲善的开端。同年 7 月，礼尚往来，法国总统回访英国。1904 年 4 月，英法两国在伦敦签订了一项瓜分殖民地的协约，协约规定，英国承认法国在摩洛哥有维护安全和协助改革的权力，法国也不干涉英国在埃及的行动；英国把西非的一些殖民地让给法国，法国则放弃在纽芬兰的捕鱼权。协约中，英、法两国还划定了在暹罗（今泰国）

的势力范围。通过协约，英、法两国的矛盾基本解决，双方利益开始趋向一致。

法国同英国签订条约以后，想到英国与俄国之间有着很深的矛盾，怎么才能使它们两国尽释前嫌呢？没料到，不等法国出面，英国便调节了与俄国之间的关系。因为日俄战争和1905年革命，俄国在财政上越来越依赖英、法两国，虽然当时俄国在近东、中亚和远东地区都与英国有利益冲突，但要比起与德国的矛盾，就显得微不足道了。1907年8月，英俄两国在圣彼得堡签订了分割殖民地的协定，协定规定，俄国承认阿富汗在自己的势力范围之外，并承认英国代管阿富汗的外交；波斯（今伊朗）东南部划为英国势力范围，北部为俄国势力范围，等等。

英、法协约和英、俄协约，加上法俄同盟，标志着三国协约正式形成。三国协约没有像三国同盟那样签订一项共同条约，俄、法两国是负有军事义务的同盟国，但英国则无须承担这种军事义务。

三国同盟和三国协约两大帝国主义军事集团形成以后，扩军备战成了它们的当务之急。复杂的国际关系日趋紧张，局部战争接连发生，最后终于导致了1914年第一次世界大战的爆发。

1918年一战结束，德国投降后，同盟国瓦解，美、英、法、日等帝国主义国家曾以协约国的名义向苏俄发动了三次武装干涉。随着各帝国主义国家之间矛盾的不断加深，协约国也逐步瓦解。

## 青年土耳其党

奥斯曼土耳其在中世纪曾是称霸一时的泱泱大国，但到了19世纪末20世纪初，昔日不可一世的奥斯曼帝国逐渐沦为了西方列强的殖民地，内政、外交、经济、军事被控制在英、法、意等国手里。为排除内忧外患，土耳其各族人民进行了频繁的反抗独裁专制统治的斗争。

奥斯曼帝国苏丹哈米德二世的统治年代被称为暴政时期，养尊处优的哈米德二世根本不会想到他的人民的疾苦。他在位时，强化君权与神权相结合的极权专制，扩大地主土地所有制，加深了对人民的压迫。哈米德二世甚至命人把“民主”“自由”等词从字典里删了出去。虽然哈米德二世反对自由和宪政，但他并不完全反对改革和西化，这使得古老的帝国与西方的关系越来越密切。这个时候，土耳其已经债台高筑，英、法、意、德、奥等国组成了“奥斯曼国债管理处”，控制了土耳其的经济命脉。

巴尔干战争中，土耳其正在攻击陷入包围的希腊军队。

1889年5月，在易卜拉欣-特莫领导下，伊斯坦布尔医学院学生秘密成立了“奥斯曼统一协会”。1894年，各地秘密组织又联合成立了“奥斯曼统一与进步协会”，土耳其人民亲切地把该协会称为“青年土耳其党”。青年土耳其党以恢复1876年宪法为宗旨，反对苏丹的专制统治，主张建立君主立宪制。除了在国内进行宣传斗争外，青年土耳其党还在国外建立了许多组织并出版了自由报刊。

19世纪末20世纪初，在哈米德二世的压制之下，青年土耳其党曾一度消沉。1905年，在俄国革命的影响下，土耳其境内和属地的民族起义、工农运动、士兵暴动频繁发生，青年土耳其党也随之活跃，并得到了迅速发展。

1908年7月4日，青年土耳其党人尼亚齐中尉率部在马其顿的雷士那举行起义。

“同胞们，可恶的苏丹已经把我们逼到了绝路上，我们不能再坐以待毙了。”尼亚齐站在雷士那的广场上，高声对看台底下的人民大声喊道，人们高举双手，振臂高呼。

俄土战争爆发，战火蔓延到土耳其的山区。

“所以，我们一定要推翻苏丹的专制统治，把属于我们的所有权力都从帝国手里夺过来。”尼亚齐的演说得到了当地农民游击队和士兵的支持。

7 月 23 日，尼亚齐率领起义军向萨洛尼卡进发。哈米德二世见起义军来势汹汹，先前的嚣张气焰早已经没有了。哈米德二世知道人民力量的强大，他也害怕被这种力量所伤，所以，在人民聚积的力量还不足以把他的统治推翻时，狡猾的哈米德二世就宣布恢复 1876 年宪法，进行国会选举。

革命取得了初步胜利。在长期暴政压抑下的土耳其像解冻了的冰河，迎来了政治生活中的早春季节。曾经势不两立的派别、民族互相握手言欢，以尼亚齐为首的资产阶级在哈米德的糖衣炮弹下很快就屈服了。

1908 年 8 月，青年土耳其党向土耳其政府提出实行劳工立法、分配土地、取消什一税的政治主张，政府在一定程度上给予了满足。当年 12 月，青年土耳其党的领袖里扎被选为新国会议长。此时的青年土耳其党早已经没有当初成立之时的雄心壮志，看到自己的利益得到了满足，它再也不像以前那样为了广大人民的利益抛头露面了。青年土耳其党除保留哈米德二世的王位外，甚至还对昔日的同盟者——工农群众的民主运动进行镇压。

虽然哈米德二世的王位被保留下来，但他已经不再掌握实权。骄横的哈米德不甘心他的专制政体就这样退出历史舞台，1909 年 4 月 12 日，在哈米德二世的秘密指挥之下，效忠于哈米德二世的商业买办阶级“自由联盟”发动政变。哈米德二世宣布废除宪法，解散议会，改换资产阶级内阁。紧急关头，青年土耳其党在凯末尔的率领下建立行动军，平息了反动军队的叛乱。自作孽的哈米德二世终于被废黜，而实际上，土耳其的政权已掌握在青年土耳其党人的手中。

在第一次世界大战中，青年土耳其党执政下的土耳其加入德奥同盟，投入到帝国主义战争中，战败后被迫与协约国签订丧权辱国的《摩得洛司停战协定》。1918 年 11 月 4 日，青年土耳其党举行非常大会，宣布自行解散。

## “大棒政策”与“金元外交”

西奥多·罗斯福为人熟悉的不仅仅是因为他曾是美国总统（1901 ~ 1909 年在任），更因为他推行的“大棒政策”。

“大棒政策”源于罗斯福在下野后的一段公开演讲，在那次演讲中，他说：“我在任美国总统期间，对付他国的办法是‘说话要好听点，但手里要拿着大棒’。”“大棒政策”由此得名。

其实，“大棒政策”最早提出时，西奥多·罗斯福还没有当选为美国总统。1900 年，罗斯福任纽约州州长，他在给朋友的一封中，有一段关于美国外交政策的话：“我非常喜欢西非的一句格言：说话温和，手握大棒，将所向无阻。”从这句话就不难理解“大棒政策”的深义。

罗斯福是一位热衷政治、崇尚权力的总统，他曾说过这么一句话：“和平的胜利，不如战争的胜利伟大。”不需多言，从这句话中就能看出罗斯福的秉性。

美西战争爆发前夕，当时的罗斯福任美国助理海军部长，战争爆发后，罗斯福辞去职务，与伍德组成志愿军骑兵团，在古巴圣胡安山之役中击败西班牙军，为美国的胜利奠定了基础。此后，罗斯福声名大噪，他率领过的骑兵也因此被称为“铁骑”。

就任总统后，罗斯福主张以武力为后盾，迫使拉丁美洲国家“循规蹈矩”，听命于美国，主张凭借强大的经济军事力量，积极推行向外扩张计划，特别是对加勒比海地区的侵略，这些都是罗斯福推行“大棒政策”的表现。

罗斯福曾毫不掩饰地说：“任何一个美洲国家行为不端时，美国不能保证其不受惩罚。”“在西半球，美国对于门罗主义的信念可能迫使美国履行国际警察力量的义务。”占领巴拿马运河区，是西奥多·罗斯福“大棒政策”的典型事例。

巴拿马原是哥伦比亚的一部分，美国曾向哥伦比亚提出要开凿巴拿马运河的要求，但遭到了哥伦比亚方面的拒绝。看到自己

### ·门罗主义·

早在建国初期，美国政府就对拉美地区虎视眈眈了。美国第5任总统门罗就提出“美洲是美洲人的美洲”，强烈反对欧洲殖民者干涉拉美革命，实质上是想独吞拉美地区的利益。门罗还宣称，美国不会干涉欧洲的内部事务，所以也不会同意欧洲列强来干涉美洲的事务。门罗主义在刚提出来的时候，由于美国国力还比较弱，而英国在美洲的影响要远远大于美国，所以并没有造成什么影响。但是到了19世纪40年代的时候，门罗主义随着美国国力的上升又被摆上了台面，成为19世纪美国控制美洲的理论依据。

的开凿巴拿马运河的计划没有成功，美国遂于1903年11月支持巴拿马脱离哥伦比亚而独立，成立了巴拿马共和国。巴拿马共和国成立后不久，便与美国签订了完全按照美国的意图拟订的条约。条约规定，巴拿马将运河区16千米宽的地带交给美国永久使用、占领和控制，美国甚至有权在运河区使用警察、陆军和海军等。1914年，巴拿马运河通航后，这片运河区长期由美国控制，成为“国中之国”，直到20世纪末巴拿马才收回了运河区的权利。罗斯福把开凿巴拿马运河看作是他任美国总统时期的最大成就，他在自传中说道：“没同内阁商量，我就拿下了巴拿马。”

当然，美国推行大棒政策的地区并不限于拉丁美洲，在解决阿拉斯加与加拿大的边界纠纷中，美国同样对英国和加拿大施加了压力。1906年，罗斯福因调停日俄战争获得了诺贝尔和平奖，其实，罗斯福调停日俄战争完全是出于美国自身的利益：如果俄国战胜，将会打乱亚洲的实力平衡；日本战胜，对维持亚洲地区的正常秩序也非常不利，只有维持两国在东亚地区的均衡，美国的利益才不至于受到威胁。

1909年，塔夫脱继西奥多·罗斯福就任美国第27任总统。塔夫脱上台后，美国的对外政策开始变为“用美元代替枪弹”，即以资本输出作为对外侵略、扩张的重要手段，利用经济渗透，控制拉美各国的经济和政治，以此适应美国垄断资本主义对外扩张的需要，这种外交政策称作“金元外交”。到20世纪30年代左右，20个拉美国家中已有14个被美国资本所控制，由此可见“金元外交”的厉害。金元外交的推行，表明美国在掌握世界经济霸权的同时，力图在国际政治中占据首席地位。

无论是“金元外交”还是“大棒政策”，在美国建立霸权的道路上都起到了举足轻重的作用。

## 萨拉热窝事件

1914年6月下旬，奥匈帝国的军队在波斯尼亚首府萨拉热窝附近举行军事演习，以支持当地的亲帝国分子，压制斯拉夫人的民族解放运动，并想以此威吓邻近波斯尼亚的塞尔维亚，企图把它也纳入奥匈帝国的版图。

描绘斐迪南被刺场面的图画

6月28日，这是个晴朗的星期天，萨拉热窝热闹非凡。原来，奥匈帝国的皇储弗朗茨·斐迪南大公夫妇要来这里访问。斐迪南是个极端军国主义分子，军事演习就是他亲自指挥的，这次访问萨拉热窝也是他计划中的一部分。

28日上午10时左右，一列豪华专车驶入萨拉热窝车站。由奥匈帝国的近百名士兵组成的仪仗队分成两队，分列在车站两侧。当斐迪南及妻子索菲女公爵坐上一辆敞篷汽车后，队伍开始缓缓向萨拉热窝市政府行进。

斐迪南心里非常清楚塞尔维亚民族对奥匈帝国的仇恨，所以这次访问他只带了这部分仪仗兵，并没有带过多的部队，想以此博得被统治民族的好感。

波斯尼亚在几年前被奥匈帝国吞并，萨拉热窝市政府为了讨好奥匈帝国的皇位继承人，把这次欢迎仪式搞得相当隆重。

此时的斐迪南夫妇正坐在敞篷汽车里，看着眼前繁华热闹的街市，不由得沾沾自喜。斐迪南从敞篷汽车里频频向路边的波斯尼亚人举手示意，时不时地露出趾高气扬的神情。路旁的人们带着愤怒，但碍于政府警察挡在前方维护，只能眼巴巴地看着斐迪南对塞尔维亚人进行挑衅。

正当斐迪南大公等人游行的时候，一批埋伏在人群里的暗杀者正欲行动。这批人属于一个军人团体，当他们听说奥匈帝国的大公要访问波斯尼亚时，便制定了一个周密的暗杀计划。当斐迪南的豪华汽车从车站出来时，7 个暗杀者便混入了人群之中，并随着人流一步步地向斐迪南的汽车靠近。

虽然波斯尼亚当局在街道上派置了很多警察，但由于街上的人太多，根本无从维护，有的警察甚至躲到了角落里去闲聊，这无疑是个实行暗杀计划的好机会。

斐迪南车队缓缓地向市政厅的方向行驶着，离隐没在人群中的第一个暗杀者越来越近。这个塞尔维亚青年心跳加快，双手甚至颤抖起来。

“镇静，镇静，一定拿稳枪，整个民族的希望可就掌握在我手里了啊。”尽管他一再地安慰自己，但心跳的加快还是使他的眼神忽闪不定。正当这个暗杀者将要采取行动时，一个警察不偏不倚地走到了他的面前。

“你在这里鬼鬼祟祟地干什么？没看过奥匈帝国的大人物吗？”警察并不知道他是一个暗杀者。

“长官，我只是想走近看看，眼神不是太好，我这就回家。”第一个暗杀者不得不远离了斐迪南的车队。

车队又向前行驶，不一会儿便到了市中心，这里埋伏着第二个暗杀者。这个塞尔维亚人一刻也没有犹豫，在手脚发抖之前便向行驶在车队中间的斐迪南大公的汽车扔出了一颗炸弹。炸弹偏移了方向，在斐迪南随从的车前爆炸了，碎片击伤了几个随从。车队很快逃到了市政厅门口的广场上，这里有一大批波斯尼亚警察在等候，应该不会再有危险了。

斐迪南非常愤怒，但也为自己躲过这场劫难而庆幸。

“总督先生，难道你们就是用这种方式来欢迎我的吗？”他从车上站了起来，怒视着邻座的波斯尼亚总督。

“不是的，殿下，你没发现刚才那个人是个精神病人吗？你大可以按着原计划进行访问，我保证不会再发生这样的事了。”总督唯唯诺诺地弓着腰。

“好吧，不过在这之前，我得先去医院看看我的随从。”斐迪南想以此来表现一下他的仁慈。

于是，司机调转车头，向医院方向开去。萨拉热窝市长和波斯尼亚总督又派了一大批宪兵和警察保护在斐迪南大公的汽车旁。

前面是一个十字路口，过了这个路口就是萨拉热窝市医院了。正在这时，斐迪南只听得身后的士兵惊叫起来，回过头一看，一个年轻人举枪直奔而来。

“有刺客！”斐迪南满以为逃过了一劫不会再出现危险了，哪里会料到这里还有仇恨他的人在等着他，不由得魂飞魄散，呆在那里一动不动。

这个暗杀者叫加夫里洛·普林齐普，只有19岁，是这次暗杀行动中最坚决最勇敢的一个。看到在场的所有人都惊慌失措，普林齐普乘机跃到斐迪南大公车的正前方，扣动了扳机，“砰砰”两声之后，斐迪南大公夫妇都被击中要害，双双死于血泊之中。

斐迪南夫妇的被刺，给奥匈帝国制造了一个吞并塞尔维亚的借口。随即，奥匈帝国向塞尔维亚政府发出通牒，以反恐怖组织的名义，要对塞尔维亚采取军事行动。德国皇帝威廉也竭力唆使奥国向塞尔维亚全面开战。

此后，奥匈帝国正式向塞尔维亚宣战，第一次世界大战由此爆发。

## “施蒂芬计划”

萨拉热窝事件后，第一次世界大战全面爆发。其实，早在1905年时，德国就制订了大战的作战计划。这一计划由德国的总参谋长施蒂芬提出并制定，所以在历史上被称为“施蒂芬计划”。由此可见，德国发动大战是蓄谋已久的。

“施蒂芬计划”制订以后，受到了德皇的重视，后来又经过反复论证、补充、修改，遂成为德国发动大战的基本蓝本。施蒂芬在这一方案上可谓是下了一番工夫，“施蒂芬计划”把德国的作战分为东西两线，战略重点放在了西欧，即西线，因此西方大国，如英、法等国成了德国的假想敌。在西线，采取先发制人的手段，集中优势兵力进行“闪电战”，经比利时突袭法国，然后再迂回到东线，集中力量对付俄国。按照“施蒂芬计划”，如果一切顺利的话，赢得这场战争只需要三四个月时间。但是，施蒂芬可能忘了一句话：计划赶不上变化。他所计划的一切，不久之后就成为泡影。

临时组织起来的比利时军队，等待他们的是近在咫尺的战争。

毛奇作为继任的参谋总长，按“施蒂芬计划”部署了整个战争。当然，毛奇也和德皇一样，认为施蒂芬这一计划简直是上天给德国的一个机会。

1914 年 8 月 4 日早晨，在埃米希将军的率领下，德国第一、第二两个集团军迅速越过比利时国境，向纵深方向挺进。“施蒂芬计划”开始实施了。

德军攻打比利时的第一站是列日要塞。这里地势险要，易守难攻，比利时派了 4 万人在这里驻守。比利时是一个小国，从建国以来就没有打过仗，埃米希将军自恃着强大的军队，相信比利时军一定会缴械投降的，便派了一个使者去见比利时指挥官勒芒将军。

“勒芒将军，我奉德国埃米希将军的命令来督促贵国投降。如果你们让我军通过贵国，德国将给贵国最高的荣耀。否则，我军将会踏平比利时。”使者满以为自己的一番话能恐吓住勒芒将军，可他错了。

“是吗？比利时是中立国家，你们竟敢违背国际公法来侵略我国，不要以为比利时国小势弱就会怕了你们，我们誓死要守住要塞。”勒芒将军慷慨激昂地对傲慢的使者说道。

临走前，使者恶狠狠地对视着勒芒将军：“好吧，那你们就等着大炮和飞机的袭击吧。”

使者回到德军驻地，把勒芒将军的态度对埃米希陈述了一番，埃米希顿时火冒三丈，立即命德军大炮轰击列日要塞的炮台，并派飞机在列日要塞上方投下了十几颗炸弹。接着，德陆军像潮水一样冲向了列日炮台。但是，在比利时军队的反击之下，德军没有攻下一个列日炮台，只是白白地葬送了几千人的兵力。

最后，德军不得不调来一门巨型攻城榴弹炮，这是当时威力比较大的炮，口径要比协约国的大炮宽。随着爆炸声四起，列日要塞上的炮台顿时化为一片瓦砾。埃米希立即命令德军穿过列日要塞，向法国北部挺进。

根据“施蒂芬计划”，毛奇还在阿尔萨斯、洛林地区筑起深壕，布置少数德兵，按兵不动，以逸待劳，借以吸引法国部队，迷惑法军。别看这是虚的一招，它可是“施蒂芬计划”中的关键步骤。施蒂芬当时想出了很多应急改变战略部署的方案，唯独没有改变这里的部署，甚至在他临死时还再三嘱咐不要削弱他的右翼纵队。

不过，毛奇虽然在右翼部署了兵力，却把原本70个师兵力的设想削弱了很多，这也是“施蒂芬计划”最后破产的一个关键因素。

法军总司令霞飞将军接到德国主力向法国北部扑去的消息后，忙率法军主力从东北出击，直取阿尔萨斯和洛林地区。正当法军为收回40多年前割让给德国的土地而沾沾自喜时，英军和法第三、四集团军败退的消息传来。

按当时表面上的情况看，“施蒂芬计划”好像要马上成功了，但实际上，法军也正因为躲开了德军而保存了主力。毛奇将军看到眼前巨大的胜利不由得得意忘形起来，把主力分为几路进攻法国，还调出两个军去东线对付俄国，这无疑是给法军可乘之机。霞飞将军把法军主力调到左翼，造成对德军的夹击之势。

9月5日，德、法两军在马恩河遭遇，进行了为期近5天的“马恩河”大会战。此后，双方进入了对峙阶段。正是“马恩河”会战粉碎了德军速战速决的作战计划，使得“施蒂芬计划”彻底破产。

## 加利波利半岛的冒险

在第一次世界大战以前，英国人是很少光顾加利波利地区的，甚至不知道这一地区属于哪一国。1915年，当收到俄国请求英军出兵土耳其的信后，英国陆军才对这一地区加以注意。早在1914年11月，土耳其奥斯曼帝国就参加了同盟国作战，这使得俄国不但要在东线对付德奥军队，还得抽出兵力对付土耳其，为了减轻压力，俄国向协约方英国提出出兵援助的请求。当然，俄国完全有权利要求英国进攻土耳其，俄国在东线出动了近80万的兵力，就是为了减少英、法在西线的压力，礼尚往来，英国没有不出兵的理由。

面对日渐衰弱的土耳其，波斯尼亚－黑塞哥维那成了奥地利的附属国，保加利亚也宣布独立。这是反映当时政局的一幅漫画。

当时，丘吉尔任英国海军大臣，英国海军部很快就决定接受俄军的请求，与法军共同采取军事行动。

经过众资本主义国家的掠夺，奥斯曼帝国已经摇摇欲坠，再加上达达尼尔的防御非常陈旧，如果此时攻打土耳其将易如反掌，但是，英国并没有抓住战机，就连在协约国战舰近距离平射火力之下的两座兵工厂，英军也没有加以摧毁。

1915年2月19日，18艘英国主力舰、4艘法国战列舰以及各种辅助舰组成的联合舰队驶进了达达尼尔海峡的入口处，并准备在海峡欧洲一边的加利波利半岛登陆。

加利波利半岛是一条呈条状的地带，虽然荒芜，但却是良好的防御阵地。海滨的山脊和陡坡保卫着达达尼尔海峡的欧洲一边，另一边也是一人当关、万夫莫开的险境。不过，英法两国是当时世界上最强大的两个国家，法国的大炮虽然在德军的炮火下处于下风，但应付土耳其这个日渐没落的国家还是绰绰有余，土耳其的外炮台很快被打成了一片瓦砾。正当英法联军顺着加利波利半岛行进的时候，遭到了隐蔽在悬崖后面的土耳其军的反击。

指挥英法联合舰队的是英国海军上将卡登，卡登一直认为，只要英法强大的舰队一出现在达达尼尔海峡的入口处，土耳其的军队便会土崩瓦解，所以这次冒险行动没有进行飞机定位。当遭到土耳其军的反击后，英军只能盲目地向对方射击，慌忙后撤。

3 月 11 日，卡登又率兵进行第二次进攻。这次，他吸取了上次的教训，打算把英国的重型舰只驶进达达尼尔海峡，然后再轰击加利波利半岛岸边的炮群。但是，他突然患病，不得不留在岸上，把指挥权交给了助手约翰·德罗贝克。虽然德罗贝克确信扫雷艇已经扫除了海峡中的水雷，但百密一疏，还是有一艘法舰被漏网的水雷击中，联合舰队不得不再次退出了海峡。

两次海上进攻均遭失败，英国决定起用在布尔战争期间屡获战功的伊恩·汉密尔顿来指挥加利波利半岛战役。

汉密尔顿接到指示后，急急忙忙赶往东地中海，此时的他只知道是去指挥一支远征军入侵加利波利和消灭土耳其军，别的一无所知。在快要到达加利波利半岛时，他甚至还不太清楚加利波利半岛的具体位置，更不用说选定在半岛的登陆地点了。

到达地中海的埃及后，汉密尔顿命令士兵们准备了很多气囊似的东西，命令附近的军用工厂马上生产一些急用的军用设施。急躁的汉密尔顿把周围的气氛也搞得相当紧张，驻地上沸沸扬扬，当地的驴子也被赶来充当交通运输工具。万幸的是，士兵们对这次作战热情高涨，多少弥补了一些由于匆忙带来的不足。

4 月 25 日，英国海军抵达加利波利半岛，开始对半岛进行冒险进攻。这时的汉密尔顿还没有对登陆做周密的打算，而是让现场指挥官自行做决定。这种权力的下放使得这次进攻显得混乱无章。

这次参加作战的英军中，有大部分是澳大利亚和新西兰人。澳、新军趁着昏暗的夜色，用一艘运煤船改装的陆艇把1.6万名士兵运到对岸。这些澳、新军虽然登了陆，但他们只能在较低的斜坡和山脊里待着，一旦他们出现在高地，就会成为土耳其人攻击的对象。双方就这样僵持着过了数日。

加利波利的5月已经相当炎热了，疟疾和痢疾开始在双方阵营传播，使双方死亡的人数极速增加。看到战友一个接一个地倒下，英方和土方的指挥官心急如焚。最后，双方约定，实行9个小时的安葬休战。双方士兵来到战场上，抬起死去的战友，与相遇的敌人点头致意，有的甚至帮助敌方把尸体抬回阵地，这9个小时是多么和平的9小时啊！当安葬休战结束后，战场上再次响起了密集的枪炮声。

战争持续了几个月，但没有丝毫进展。11月间，加利波利半岛上的气候更加恶劣起来，先是下了一天一夜的倾盆大雨，然后又来了暴风雪，英军的行军变得举步维艰。经过商议，英国陆军总部决定撤回在加利波利的部队。虽然这场进攻加利波利半岛的战争是失败的，但撤退却是成功的，整个撤退过程足足用了20天，但却无一人伤亡。

## “凡尔登绞肉机”

1916年初，随着“施蒂芬计划”的破产，德国不敢贸然深入俄国，就将战略重点转移到法国。此时，法国军队已苦战一年半，军事力量已到极限。位于马斯交通要道上的凡尔登是法国前线中最大的交通枢纽，也是法军重要的军事要塞，德军决定在这里给法军以突然打击。这是德军新任参谋总长法金汉提出来的战略方针，他说：“在这场战役中我们要让法国人把血流尽！”他认为凡尔登是法国不敢也不愿放弃的一个重要军事基地，对它施以攻击，法国就会向那里投入全部兵力，这样，德国才有机会使法国在军事上崩溃，从而迫使其投降。

此时的法国总司令霞飞因备战索姆河战役而无暇顾及凡尔登要塞，驻守要塞的兵力只有4个师10万人，270门大炮。凡尔登要塞的防御工事异常坚固，由4道防御阵地组成，其中前三道是战壕、掩体、土木障碍和铁丝网等野战防御工事，第4道防御阵地则由永久工事和两个堡垒地带构成。

德国总参谋长法金汉意识到负责进攻凡尔登的德国皇太子不可能仅通过一次奇袭就能攻取要塞。于是法金汉准备在凡尔登与法军进行一场消耗战，用一场规模空前的炮轰，以

**法军在战争后期对德军进行大反击**

凡尔登会战是典型的阵地战、消耗战，双方参战兵力众多、伤亡惨重。战役中，法军野战工事与永备工事相结合组织防御的经验，成为大战后各国修建要塞工事的依据。

最小的代价取得实质性的初步胜利，以挫败法军士气，进而剿杀法军的一切反攻。

1916年2月21日早晨，法金汉调集10个师27万兵力，近千门大炮和5000多个掷雷器，以数量和力量均压倒法军的优势分布在12千米长的前沿阵地上。7时许，德国炮兵开始实施强大的炮火攻击。铺天盖地的炮弹倾泻在法军的野战防御阵地上。德国的新式武器——大口径的攻城榴弹炮将一颗颗重磅炮弹射向坚固的工事；掷雷器发射的装有100多磅炸药和金属碎片的榴霰弹，使法军堑壕成为平地；小口径高射炮使法军惊慌失措；喷火器把法军前沿阵地变成火海。持续了8个半小时，200万发炮弹的轰炸，把要塞附近三角地带的战壕完全摧毁、森林烧光、山头削平，法军前沿完全暴露出来。炮火刚息，德军步兵便以纵深战斗队形以散兵线分梯队向法军防线冲击。虽然士气高昂的法军凭借剩余工事奋勇抵抗，击退了德军的一次次进攻，第一道阵地还是被德军占领。德军随后又进行了4天的轰炸，攻占了法军外围据点之一的杜奥蒙特堡，但德军的伤亡也远超过他们的预料。

杜奥蒙特的失守，使法军统帅霞飞如梦初醒，他一面命令守军不惜一切代价死守阵地，一面命令最优秀的将领贝当增援凡尔登。

贝当在马斯河左岸加强法军的炮火力量，用法国的新式武器轻机枪和400毫米超级重炮装备部队，重振士气。并在前沿阵地划定一条督战线，后退者格杀不论。

整个凡尔登会战成了屠杀场，枪炮、喷火器、毒气弹成了残酷的屠夫。德军的伤亡也达到了极限，前沿阵地堆满尸体。7月份时，双方仍相持不下，德军仅前进了七八千米，但已攻下沃克斯堡。

眼看凡尔登被攻破，此时，俄军突破奥地利防线，英法联军在索姆河战役中击败德军，这迫使法金汉分兵火速去救援。

1916 年 10 月 24 日，法军开始反攻。他们采用小纵队分散指挥的战术，迅速收回了杜奥蒙特和沃克斯堡，德军被迫撤退出凡尔登。

凡尔登战役，法军几乎投入了全部军力，德军也有 44 个师加入战斗，双方伤亡人数超过 70 万人，被称为战争史上的“绞肉机”。法金汉不仅使法国流尽了血，而且也使德国把血流尽了，回国后便辞去参谋总长的职务。

凡尔登战役是第一次世界大战中具有决定性的一次战役，虽说德军达到了消耗法军的目的，但自己也遭到无法弥补的人力、物力上的巨大损失。德军士气从此低落，各条战线的困境日益加重。这次战役中，德法双方竞相使用新武器。但德军的正面突击战术并没有攻破野外堑壕等防御工事，这也更使人们认识到炮兵越来越重要。

## 日德兰大海战

第一次世界大战期间，英国凭借着强大的海军优势对德国进行海上封锁，保护协约国的海上交通，制止德国对英国的入侵，并企图在有利的条件下与德国海军主力决战来消灭德军。1916 年 4 月 25 日，德国海军袭击了英国的大亚茅斯和洛斯托夫特港口，英国对德国的封锁更为严密。为摆脱英国海军封锁带的困境，德国海军决心与英舰队决战。

1914 年至 1916 年初，面对英国的海军优势，德海军采取保存舰队力量，避免重大损失，同时不断制造机会削弱英舰队力量的策略。运用诱使英军部分兵力出海，集中优势力量给其沉重打击的战术，不断袭击英军，但并没有解除英国的封锁。

1916 年 5 月 30 日，英军截获了德军无线电报，破译密码后才知道德海军对英舰队有所行动。原来新上任的德国大洋舰队司令冯·舍尔仍以诱敌深入的策略，意图将英舰队引至日德兰西海域，并在此设伏袭击英舰队。

英海军上将约翰·杰利科勋爵认为这是歼灭德海军主力的好机会。于是他派贝蒂率领一支诱敌舰队驶离苏格兰罗塞斯港口，自己亲率主力埋伏在奥克尼群岛斯卡帕弗洛海军基地的东南海域。

5 月 31 日，英诱敌舰队发现德诱敌舰队，双方开始了火力轰击。英舰队利用其战舰速度快而灵活的特点，急速前进。企图插入德诱敌舰队的后方，截断其后路。殊不知德海军主力尾随在其

**日德兰海战情形**

交战中，德军射击技术和舰艇操作水平较高，“同时转向”战术运用娴熟，但舰队实力处于劣势；英军虽握有主动权，但行动不坚决，也失去歼敌良机。

后不远的海域，英舰队陷入了德军的南北夹击之中，英诱敌舰队急发无线电报求救。

德军舰艇采用了新式全舰统一方位射击指挥系统。所有炮火一齐发射，炮弹攻击点分布范围小，精确度高，给英舰队造成了很大麻烦，两艘英舰船相继被击沉。战势对英诱敌舰队越来越不利，加上德军主力也扑了上来，英舰队急忙后撤。

危在旦夕之际，接到求救电报的英主力舰队先后赶到。德驱逐舰分别出击迎敌，英驱逐舰为保护战列舰也冲在前面，双方轻型舰展开了搏斗，英军被动局面逐渐改变。德国凭借舰船的水密结构设计和炮塔防护的坚固防御，频频向英军发起猛攻。英军也不示弱，利用航速快的优势，从容躲过德军鱼雷的攻击，并切入德舰队和赫尔戈兰湾之间，切断德军退路，对德舰队形成包围之势。

31 日深夜，英军调集大批驱逐舰和鱼雷艇对德舰队进行夜袭。为躲避英军鱼雷的攻击，德舰队全部熄灯，并不停地移动位置。在四周小艇的保护下，战列舰和驱逐舰在黑暗中向英舰队发炮。

英舰队仍陆续向日德兰海域集结援军，德国海军上将舍尔认识到，如果夜间不能突围，天明后德军会遭到毁灭性打击。于是他利用灯光和无线电密码发出突围命令，率领舰队突破英舰队炮火和鱼雷的封锁，向赫尔戈兰湾撤退，疯狂的英舰队紧追不舍。当接近赫尔戈兰湾时，前面的战舰误入水雷区，再不敢贸然向前追击，杰利科只好下令返航。

这次海战是第一次世界大战中规模最大的海战。英军损失战舰 14 艘，德国损失 11 艘。事后双方都声称自己是胜利者，但德国舰队仍被封锁在港内，英海军继续控制着北海，掌握着制海权。

日德兰海战也是历史上最大的海战之一，是大舰巨炮主义的高潮。未打破英军封锁的德国舰队不敢出海作战，名存实亡，英国进一步巩固了其在北海海域的霸主地位。这次海战也送走了铁甲舰队海战的旧时代，同时揭开了人类海战史上的新篇章。

日德兰海战使各国认识到只有注重生存力的战舰才能在海战中存活，各国军舰开始吸取德国设计的水密结构和炮塔防护等优点，研发新型海上工具武器和探索新的战术战法。日德兰海战可以说是铁甲舰队的最后一次大决战。

## 无限制潜艇战

1916年年底，保罗·冯·兴登堡任德国总参谋部总参谋长。在凡尔登战役中的失败使德国兵力损失严重，为了扭转这一惨状，兴登堡决定寻找一条可以弥补损失的途径。

所有的该用上的武器都用上了，还有什么可以利用的呢？为此，兴登堡大伤脑筋。

“参谋长，依我看，我军只能动用潜艇了。英国的商队已经被削弱，说不定我们能在潜艇上给它重创。”德国军事分析家向兴登堡提议。

不久，在一次军情分析会议上，德国海军上将亨宁·冯·霍尔岑多夫发表了他的观点：“我们必须把中立国的船队从英国赶走，如果单靠英国的商船运粮的话是很难供应英国军队的，就算美国依然给英国援助，但也如杯水车薪，根本解决不了问题。”

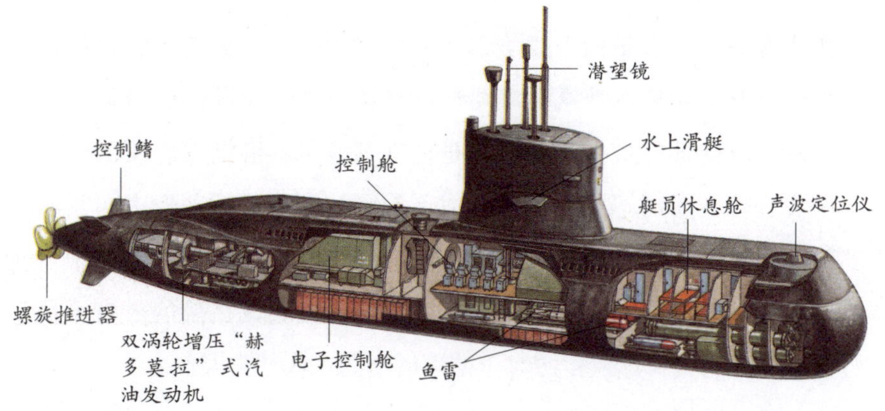


**汽油动力潜艇**

汽油发动机是一种声音很小的动力机。随着技术的发展，潜艇的科技含量越来越高，在战争中发挥了很大的作用。

停顿了一下，霍尔岑多夫接着说：“如果我们在1917年2月取消对潜艇的限制，并且能击沉60万吨位的商船，那么5个月后英国人就得投降了。”

“但是，如果英国人组织军舰护航，我们怎能应付得了呢？”一些人提出了他们心中的疑虑。

霍尔岑多夫笑着并且信心十足地说：“难道英国人是在等我军行动了再组织吗？这证明他们根本就没有此计划。而且，我军潜艇的性能足以克服协约国在反潜战上的任何改进。”德军其他的高级军官纷纷被霍尔岑多夫说服了，频频地点着头。

由此，德国破坏了国际公约，开展了不分国别，不分军用还是民用的无限制潜艇战。

1917年，德军派潜艇通过水雷密布的英吉利海峡进入英国西部水域，由于当时的英国防范措施不是太严，德军的这一冒险成功了。第一步计划得逞之后，兴登堡又派其他潜艇到英吉利海峡和北海作战。潜艇投入战争不久便取得了战果，被击商船的数量直线上升，如果按着这种沉船速度继续下去，英国的确会像霍尔岑多夫说的那样被迫投降。但是，这场战争的继续发展使情况发生了变化，美国不久后对德宣战，美国的参战成了一战中同盟国战败的主要原因。

到底是什么迫使美国人对德宣战的呢？美国在战争之初不是保持中立的吗？这还得源自于德军潜艇的一次“失误”。

U–2 潜艇的艇长瓦尔特很早前就接到了上级的命令，通知他在 1915 年 2 月 18 日对在英国和爱尔兰领海发现的敌国和中立国商船予以击毁。对于这种任务，瓦尔特认为终于可以大显身手了，不禁有些欣喜若狂。

快到中午的时候，U–2 潜艇又像往常一样在爱尔兰海域巡游。在这之前，这艘潜艇已经击沉过 2 艘英国轮船和一只帆船。

瓦尔特举着望远镜的两臂向高抬了抬，大笑着对船员们说：“我们的猎物出现了，一艘英国轮船在西南方向，我们又可以拿到奖赏了。”

说完，瓦尔特大声命令船员：“潜到 13 的深度，以最高速度向前行驶。”

远方出现的这艘英国轮船叫“卢西塔尼亚”号，长约 240 米，它的速度比一般潜艇要快上两倍。但是，船上的所有人员对德国潜艇的伏击都没有觉察。望着表面平静的海面，船上的人员甚至欣赏起美丽的景色来。

当 U–2 潜艇来到距英船约 800 米的地方，瓦尔特命令道：“选定一个适当位置，瞄准英船的右舷中部施放鱼雷。”

瓦尔特的话音刚落，只听到“嗖”的一声，鱼雷在水面下朝着英船飞去，海面上激起了一道泡沫。“卢西塔尼亚”号上的人马上从悠闲的气氛中回过神来，但已经来不及了。轮船的右舷发出了一阵巨大的爆炸声，轮船摇摆了几下，船首很快沉了下去。十几分钟后，庞大的“卢西塔尼亚”号消失在茫茫的大海中，刚才还悠闲的人们被无情的大海吞食了。

在“卢西塔尼亚”号上丧生的1100多人中，有128名美国人。尽管德国政府把这一事件解释为“事先未发出警告并且未救出人命”，发动攻击是因为该商船企图逃脱或抵抗，美国人还是非常气愤。碰上了美国这个硬钉子，德国只能选择退让，于是，德潜艇对此后的攻击做了改变：先迫使商船停驶，把船员救上救生艇，掠夺完船上的物品后再予以击沉。

## “阿芙乐尔”号的炮声

第一次世界大战爆发后，俄国爆发了第二次资产阶级民主革命，即1917年的二月革命。二月革命推翻了沙皇的统治，但却出现了资产阶级临时政府和士兵

**冬宫前的广场及凯旋门**

十月革命前，俄国临时政府的驻地即在冬宫。

代表苏维埃两个政权并立的局面。资产阶级临时政府成立后，指派了一名上尉军官任“阿芙乐尔”号巡洋舰的舰长。为了防止水兵起义，临时政府加紧了对“阿芙乐尔”的监察。但是，“阿芙乐尔”巡洋舰上的领导权还是落到了布尔什维克手里，因为军舰委员会主席别雷舍夫是布尔什维克党人。

1917年4月，列宁回到俄国，向俄国人民发表了《四月提纲》，提出了从资产阶级民主革命过渡到社会主义革命的任务。经过布尔什维克党人的宣传，革命形势在九十月份趋于成熟，革命运动空前高涨起来。

临时政府发觉了此事，便企图先发制人。同年11月2日（俄历10月20日），临时政府派士官生占领了彼得格勒最重要的据点，到处搜捕布尔什维克党的领导人，密令彼得格勒军分区司令派兵进攻革命军事委员会所在地斯莫尔尼宫。

11月5日，别雷舍夫来到斯莫尔尼宫。

“别雷舍夫，革命军事委员会有非常艰巨的任务交给你。”布尔什维克领导人之一的斯维尔德洛夫对别雷舍夫说道。

“能为俄国的革命出一份力，我感到很高兴，我保证出色地完成党交给我的任务，哪怕是付出生命。”别雷舍夫坚决地回答。

“好样的，按照列宁的指示，‘阿芙乐尔’在这次革命中的任务非同寻常……”斯维尔德洛夫向别雷舍夫仔细地讲解了“阿芙乐尔”号在这次革命中的任务。

11月6日，临时政府封闭了布尔什维克党中央的机关报，形势越来越严峻。根据列宁的指示，武装起义被提前到这一天举行。别雷舍夫赶紧把“阿芙乐尔”的全舰人员集合起来，阻止喧嚷着要进城参加起义的水兵，号召大家服从革命纪律，静候革命军事委员会的命令，做好充分的战前准备。

午夜时分，别雷舍夫收到了从布尔什维克党人从斯莫尔尼宫传来的命令，要求“阿芙乐尔”号驶往尼古拉桥方向，使那里被敌人扰乱的交通得到恢复。

但是，“阿芙乐尔”舰长却对布尔什维克党人的命令百般推托，他所听命的是临时政府，怎么可能听布尔什维克的命令呢？迫不得已，别雷舍夫决定单独指挥这艘军舰。

当“阿芙乐尔”号抵达尼古拉桥时，守卫大桥的士官生早已经被倒戈的巨大巡洋舰吓得逃跑了。别雷舍夫马上命令舰上的舵手们把断开的桥梁修复好。桥刚一被修好，几千赤卫队员和士兵欢呼着跨上桥面，向冬宫冲去。

到 7 日上午 9 时许，工人赤卫队和革命士兵在布尔什维克党的领导下迅速占领了彼得格勒的主要桥梁、火车站、邮电局、国家银行和政府机关等战略要地，还占领了通往冬宫的要道。临时政府总理克伦斯基乘坐美国大使馆的汽车灰溜溜地逃跑了。

“别雷舍夫同志，列宁同志要求‘阿芙乐尔’号发表这份《告俄国公民书》。”快 11 时的时候，别雷舍夫接到了通信兵拿来的一份文件。别雷舍夫一刻不敢耽搁，立即用“阿芙乐尔”号上的无线电向全世界进行了广播。《告俄国公民书》的大致内容是这样的：临时政府已经被推翻，国家政权已转到彼得格勒苏维埃革命军事委员会手中。听到广播的俄国人民热血沸腾，纷纷奔向街头，欢呼雀跃，有些甚至加入到起义的队伍中去。

下午 5 时左右，起义的工人和士兵包围了冬宫。但资产阶级临时政府不肯善罢甘休，进行着垂死挣扎，他们发出了一个又一个的求助命令，指望着能从前线调回军队，但这个希望很快就落空了，援军没有到来，起义军却捷足先登。革命军事委员会命令“阿芙乐尔”号在9点45分时发射空弹信号，那是革命军事委员会对临时政府发出通牒的最后期限。

9时45分，传来了临时政府拒绝投降的消息，别雷舍夫命令“阿芙乐尔”号巡洋舰以空炮射击，发出了开始向冬宫总攻的信号。

第二天凌晨，冬宫被赤卫队革命士兵攻占，临时政府的16名部长全部被抓获，十月革命获得了成功。

## 车厢里的停战协定

当第一次世界大战进入第三个年头时，无论是同盟国方面还是协约国方面，都已经处于非常困难的境地了。在凡尔登战役之后，德、奥两国深感力量不足。1916年底，德奥集团在各条战线上连连战败，只能采取守势。德国的“无限制潜艇战”虽然为德奥扳回了些胜利的希望，但是却招来了美国的参战，使德国速战速决的希望又泡了汤。美国参战后，派遣军队开赴欧洲战场，牵制了德国很大一部分的兵力。

1917年，俄国成立了苏维埃共和国。不久，列宁便向参加第一次世界大战的各交战国提出了不割地、不赔款的和平建议。列宁的建议遭到了英、法等国的拒绝，而德国竟欣然同意与俄国举行和平谈判。难道德国真的想就此停战吗？不是的，德国只不过是想通过

作为德国停战代表团成员，埃尔茨贝格尔只能屈服于协约国的要求，这样可以把他的部队从被歼灭的危险中拯救出来。

与俄国的停战来减轻压力，以集中兵力对付英、法等国，再者，德国想迫使还没有巩固的苏维埃政权接受屈辱的和约，从中捞取好处。1918年3月3日，德国与苏维埃共和国签订了《布列斯特和约》，俄国退出了帝国主义战争。

德国虽然减轻了东线的压力，但是，德国国内人民的反战运动却给德国统治者带来了更大的压力。1918年3月7日，德国统治者决定在西线发动最后攻势，虽然取得了一些进展，却未能取得决定性胜利。7月，协约国联军在美国大量物资的援助下，开始向德军进行反击。9月，英法美联军突破了兴登堡防线。10月下旬，奥匈帝国瓦解，捷克斯洛伐克和匈牙利宣布独立，为了在战后国际政治中处于领导地位，也为了限制英、法，美国总统威尔逊在1918年1月8日的国会中发表演说，提出公开外交、海上自由、贸易自由、裁减军备、民族自决、成立国际联合机构等被称为“世界和平纲领”的“十四点”要求，呼吁德国政府投降。

内外交困的德国政府不得以进行了政府改组。10月，德国新任首相巴登亲王马克斯请求与协约国签订停战协定。11月4日，德国基尔爆发了水兵起义，起义军占领了基尔、汉堡、不来梅等重要城市。在基尔水兵起义的带动下，德国各地掀起了革命风潮，资产阶级政权摇摇欲坠，这更加坚定了资产阶级想要与协约国谈判的决心。

11月7日的傍晚，一辆汽车越过德法两军交战阵地向法国方向行驶，这辆汽车上插着白旗，车里坐着以德国外交大臣为首的代表团，他们正去协约国联军司令部请求和谈。

次日，汽车到达了巴黎东北贡比涅森林的雷通车站，此时，联军总司令福煦乘坐的火车也正好路过雷通车站。为了更有利于谈判，德国外交大臣登上车厢会见福煦。

“尊敬的福煦将军，很高兴在这里提前见到您。”德国外交大臣满脸堆笑地迎上前去。

福煦见到敌方的官员如此卑躬屈膝，竟然没一点反应：“谈判的时间还没到，你们来见我干什么？”

面对福煦的质问，德国外交大臣脸上显出一丝惊恐：“噢，是这样的，我们希望听听您对停战提出的建议。”

“建议？好啊，你们拿去看看吧，这上面写得很清楚，如果你们想议和的话，3天后在这上面签字就可以了，其实，我们很愿意继续打下去的。”福煦一边说着，一边拿出一份早已写好停战条件的协定。

德国外交大臣接过一看，顿时傻了眼，那是多么苛刻的条件啊，其中包括：德军14天内撤出占领的法国、比利时、卢森堡的领土，甚至连德国莱茵河东西各30千米的领土都交由联军管理。如果在稍早一些时候，德国绝对不会答应这样的条件，但今非昔比，国内的革命形势正在进一步扩大，如果不签订这一协定，德国政府将很快会走下历史舞台。左右衡量之后，德国政府决定签订这一协定。

11月11日，德国政府代表埃尔茨贝格尔走上福煦乘坐的火车，与福煦签订了《贡比涅森林停战协定》。6小时后，双方停火，第一次世界大战结束。

## “一切为了东线”

苏维埃俄国的建立严重地威胁着西方各国的利益。1918年初，英、法、美、日等协约国帝国主义国家为扼杀苏维埃政权派遣干涉军进犯苏俄。

3月9日，英军在苏俄北部的摩尔曼斯克登陆，揭开了帝国主义武装干涉苏俄的序幕。接着，法、美等国也效仿英国。在协约国的支持下，哥萨克统领克拉斯诺夫在顿河发动叛乱，白军南俄军司令邓尼金在北高加索组织“志愿军”讨伐苏维埃政权，不过，对苏维埃政权

1918年彼尔姆附近的一支红军特遣队

造成最大威胁的还是捷克斯洛伐克军团的叛乱。国内外反革命的联合势力使刚刚成立的苏维埃政权岌岌可危，大约3/4的领土落到了国内外敌人手中。

在这种情况下，苏维埃政府提出了“一切为了前线”的口号，实行战时共产主义政策，集中全国的财力物力对敌作战。10月，英勇的苏俄红军把捷克军团和邓尼金率领的白军赶到了乌拉尔山区，解放了喀山、辛比尔斯克等城市，并粉碎了南线和东线白军实现会合的企图。随着一战的结束，苏俄也收复了被德军占领的土地。但是，由于没有德国的牵绊，协约国更加关注于对苏俄的武装干涉。到1918年底，在协约国支持下，干涉军达到了30万人。

1919年春，协约国把盘踞在西伯利亚的高尔察克的25万军队作为进攻的主力从东部进攻苏俄。配合进攻的还有南部的邓尼金，西部的波兰白军，北部的英、法、美干涉军，彼得格勒附近的尤

**反击的红军**

高尔察克和邓尼金率领的两支白军，一直不断从东线和南线挺进，造成战线过长，力量分散。1919年4月起，红军抓住时机，果断出击，开始进行全线反攻。

登尼奇等。

高尔察克曾参加过1905年的日俄战争，但却成了日军的俘虏。获释回国后，他参加了北极探险，并于1906年发表了学术著作《科拉海和西伯利亚海积冰层研究》，因此荣获了俄国皇家地理学会最高奖赏——大君士坦丁金质奖章。后来，人们还按照他绘制的地图和航海图志开辟了北冰洋航道。一战中，身为波罗的海舰队军官的高尔察克阻止了德军向彼得格勒的进攻。由于高尔察克屡立战功，1916年被晋升为海军中将，并出任黑海舰队司令。如果不是十月革命，高尔察克或许能成为一名不错的沙俄海军指挥官，正是十月革命的爆发使他的这一梦想破灭了。十月革命后，高尔察克被迫流亡伊朗。不久，在协约国的支持下，高尔察克返抵西伯利亚的鄂木斯克，出任反苏维埃的“西伯利亚政府”部长，高尔察克本人沾沾自喜，自认为终于找到了可以让自己翻身的靠山。11月18日，高尔察克发动政变，建立军事独裁政权，自任“俄国最高执政”和陆海军总司令。

1919年3月，高尔察克军全线出击，迅速向西推进100多千米，一度占领了西伯利亚、乌拉尔和伏尔加河一带。随后，高尔察克军与南部和北部的干涉军、白军会合，向莫斯科进军，准备控制伏尔加河流域。苏维埃政权处于生死存亡的紧急关头。

面对东线告急，列宁在《真理报》上发出“一切为了东线”“必须全力粉碎高尔察克”的号召。大批党团员积极响应，奔赴前线，奋起保卫工农政权；大批工农加入红军支援东线，莫斯科—喀山铁路段的工人还发起了星期六义务劳动来支援前线。4月，苏俄东线司令加米涅夫指挥红军开始反攻，白军节节溃败，被赶出了乌拉尔地区。7月，红军又打退了高尔察克军，解放了乌拉尔。年底，红军已经解放了西伯利亚，并开进了高尔察克的老巢鄂木斯克。

看到败局已定，高尔察克气急败坏，即便协约国有通天之力，也不能帮他扭转这一败局了。眼望着鄂木斯克也将落入红军之手，高尔察克除了兴叹没有他法，他吩咐部下稍事准备，就前往远东避难，目标锁定了中国哈尔滨。

天网恢恢，疏而不漏。当高尔察克一行人乘坐的火车抵达伊尔库茨克时，被在这里起义的工农兵抓获。1920年1月，高尔察克被转交给布尔什维克伊尔库茨克革命委员会，由莫斯科“契卡”(全俄肃反委员会)主持的革命法庭对其进行审判。2月5日，革命法庭对高尔察克判处死刑。

随后，高尔察克的残部也全部被歼灭。协约国组织的以高尔察克为主力的对苏维埃俄国的武装干涉遭到彻底失败。

此前，红军还击退了尤登尼奇对彼得格勒的进攻。1920年底，图哈切夫斯基指挥东南战线红军攻入北高加索，消灭了邓尼金主力。1922年10月，红军在苏俄远东地区把最后一批干涉军赶出了国门。

## 基尔水兵起义

第一次世界大战后期，德国面临着严重的经济、政治危机，国内的社会矛盾进一步加深了。垄断资产阶级在战争中大发横财，而劳动人民却遭到了空前未有的灾难。由于战时大批的工人被征召开赴前线，加上原材料和燃料奇缺，导致工厂、企业纷纷倒闭，德国国内的不满和反战情绪不断增长。在1917年一年时间里，德国就发生了561次罢工，参加人数达146万多人，以柏林30万工人和莱比锡5万工人举行的四月大罢工影响最为深远。罢工者提出了立即结束战争、迅速改善劳动人民生活等要求，但统治者只顾与协约国的交战，根本不管百姓的死活。

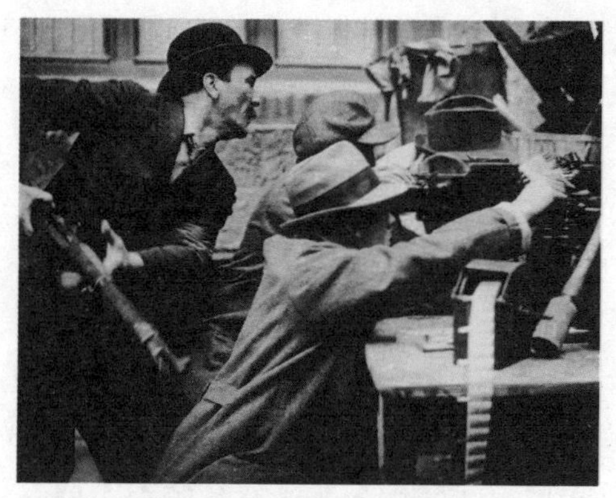
斯巴达克派士兵正与艾伯特反动政府激烈交战。

与此同时，德军军队也展开了反战运动，不满情绪以海军最为强烈。1917年8月，威廉港12艘军舰上的水兵爆发起义，起义遭到了反动政府的残酷镇压，许多水兵被捕，起义领导人马克斯·来希斯比奇和阿尔宾·科比斯被判处死刑。德国人民愤怒了，此时俄国社会主义革命的胜利成了推动德国革命运动向纵深发展的催化剂。

1918年，德国统治者已经到了山穷水尽的地步，但他们却不甘心就这样退出历史舞台，而是做着垂死挣扎。3月，德军在西线集结了205个师向联军发动了4次攻势，结果却是损失惨重。9月，联军全线出击，德军不得不节节败退。军事上的失败，促使国内反战运动进一步发展，德国处在了风雨飘摇之中。

9月30日，德皇威廉二世下达诏书，改组政府，实行国会制，并授命巴登亲王组阁。但是，这些都已无法阻止德国革命的爆发，更挽救不了反动统治的失败。

在代表德国工人阶级和德意志民族利益的斯巴达克派的号召下，德国境内的革命运动汹涌澎湃。

10月，德国统治者决定孤注一掷，做最后一搏，把一切鱼雷艇、小型巡洋舰、战斗舰，甚至连出了毛病的军舰都集中起来，出海同英军作战。统治者自有统治者的想法：如果这一战打胜了，可以名正言顺地来消除德国工人群众日益增长的不满情绪，而如果战争打败了，水兵们也算实现了“光荣的沉没”，水兵骚动带来的威胁也算是清除了。

当月25日，德国海军司令部下令基尔港的德国远洋舰队出海。基尔港的8万水兵本来就对政府极其不满，这一命令刚一下达，水兵们便识破了这个冒险计谋的用意——这是让他们去白白送死啊。10月29日晚，基尔港水兵熄灭炉火、拒绝起锚。任由海军司令部许下什么诺言，水兵们就是不出海。被迫无奈，海军司令部只能放弃了这个计划，但为了杀一儆百，司令部逮捕了几百名水兵，还在军事法庭上对被捕的水兵进行了审判。海军司令部的这一做法只能激起水兵们更强烈的反抗，11月1日和2日，基尔港的水兵继续集会，要求当局释放被捕水兵，但遭到了拒绝。

11月3日，基尔港的水兵在军舰的桅杆上系上了一面面红旗，在自己的军装上佩戴上红绸带，在帽子上别上红色的徽章，然后走下战舰，拥上基尔城街头，举行大规模的示威游行。水兵们高喊着革命口号，强烈要求当局释放被捕者。游行示威很快发展成为武装起义。在水兵们的带领下，基尔城的工人也行动起来。起义队伍解除了军官的武装，迅速占领了战略要地。不久，工人代表苏维埃和士兵代表苏维埃在基尔成立了。5 日，基尔工人实行全城总罢工，以此来支持水兵起义。

德国反动政府刚一得到基尔水兵起义的消息，便被吓得失魂落魄，忙从外地调来了 4 个步兵连对其进行镇压。他们万万没有想到，步兵连中的 3 个倒戈相向，另一个也迅速被起义军解除了武装。几天后，整个基尔城已为工兵代表苏维埃所掌握。

基尔水兵起义胜利的消息像一声春雷，冲破了反动政府的封锁，迅速传遍全国，革命火焰蔓延到各个城市。从 11 月 3 日到 8 日，短短的一个星期内，各个邦的君主先后被赶下台，几乎所有的城市都建立了工人士兵苏维埃。

基尔水兵起义是德国 11 月革命的起点，同时也导致了德国被迫停战，第一次世界大战结束。

## 巴黎分赃会议

1919 年 1 月 18 日，巴黎和会——一场分赃的丑剧——在法国巴黎附近的凡尔赛宫镜厅内举行。

“法国是这次战争最大的受害者，所以我们理所当然地应该拿更多的战利品。”法国总理克列孟梭对表现出不满的其他国代表说道。

“但我们英国为这次战争出的力可不比你们法国少啊。”英国首相劳合·乔治站了起来，几乎是怒视着克列孟梭。虽然战后的法国已不如前，但大部分国家的代表还是慑于法国的力量，只有

巴黎和会上的各国代表

英国敢与之争锋。

克列孟梭虽然已经快80岁，但他“老虎总理”的作风依然不减当年，他怎么能让德国巨额的赔款外落到他国之手呢？

“你们英国一直都是在我们法国土地上作战，你们本土损失了多少呢？而你瞧瞧我们的国土，遍体鳞伤……”克列孟梭激动得似乎有些说不下去了。

劳合·乔治也不甘示弱：“可我们只要赔款的30%啊，这不过分吧，如果没有英国，法国单枪匹马能战胜德国吗？”

正当英、法两方争得不可开交的时候，美国总统威尔逊出来打圆场：“我们美国可是一分钱也不要，我们的那一份就分给其他国家吧。依我看，你们两国互相让一点儿。你们看这样行不行，法国得56%，英国得28%，利益均沾嘛。”

在美国的调停下，德国赔款的7.14亿美元被瓜分完毕。

克列孟梭见在赔款方面没有占到太多便宜，便又把目光转向割地上，他指着地图:“阿尔萨斯本来就是法国的，但我们希望以莱茵河为法德边界，阿尔萨斯旁边的萨尔区归法国所有。”

“绝对不行。”威尔逊与劳合·乔治异口同声地嚷道。如果把萨尔区割让给法国，法国无疑就是欧洲的霸主了，萨尔区可是重要的军事工业区啊。

“难道你不知道德国的反战情绪正在高涨吗？难道你愿意看到德国也像俄国一样建立起苏维埃吗？”劳合·乔治警告克列孟梭。

“随便你们怎么说，如果不给法国萨尔，我们将退出和会。”克列孟梭像一只野兽一样咆哮着。

但是，威尔逊与劳合·乔治丝毫没有退让。最后，法国只好同意暂时把萨尔区交给国际联盟代管。此外，巴黎和会还要求德国在莱茵河以东 50 千米不准驻军，莱茵河以西由联军占领 15 年，同时，德国只能保留 10 万陆军，禁止生产军用飞机、重炮、坦克和潜艇等武器，等等。

在巴黎和会上，除了对德国的苛刻处置和勒索外，还包括其他几项议程，其中就有扼杀新生的苏维埃俄国和筹组国际联盟。

根据美国总统威尔逊的提议，和会决定对苏俄实行经济封锁，保留德国在东线的军队，并对反苏武装进行干涉。威尔逊还竭力主张建立一个“国际联盟”。

等惩罚德国的协议都准备好时，和会已经开到了 5 月份。5 月 7 日，德国代表终于被召进会场，这个主要围绕德国问题召开的和会，德国竟然没有一点发言的权利，不能不说是一种讽刺。

“这就是我们拟定的各份协议，你们必须在这份文件上签字。”克列孟梭指着分赃条约草案对德国代表说。

“为什么非得要我们承认德国是战争的唯一祸首呢？这是不公平的，我怎能在这种文件上签字呢？”德国代表看到条约上苛刻的条件后站起来申诉。

但是，作为战败国，在英、法、美等国的一再威胁下，德国代表最终还是在和约上签了字。

6月28日，战胜国也在和约上签了字。作为战胜国的中国，因和会没能解决山东问题而拒绝签字。

巴黎和会表面上是协约国对同盟国制订和约，实际上却是英、法、美和日本等国借以从战败国中夺取领土、殖民地和榨取大量赔款的分赃会议。这次会议并没有解决帝国主义之间的矛盾，反而为第二次世界大战的爆发埋下了种子。

## “土耳其之父”

穆斯塔法·凯末尔

凯末尔原名穆斯塔法·凯末尔，后来又有了一个新名字凯末尔·阿塔土耳克。“阿塔土耳克”是土耳其的大国民议会为了表彰他的不朽功勋而特意授予他的姓，是“土耳其国父”的意思。在各国历史上，把本国的杰出革命领袖推崇为国父的并不少见，而能把国父当作自己的姓的政治家，恐怕也就只有凯末尔了。

凯末尔于1881年出生于巴尔干半岛的萨洛尼卡，他父亲是位富裕的木材商。他的祖国是历史上赫赫有名的奥斯曼帝国，但当时这个帝国已经败落，几乎沦为了欧洲强国的殖民地。凯末尔从小的愿望就是做一名军人，每当看到街上有军人走过时，他心中就充满了羡慕。他在 12 岁时就进入了军事预备学校，18 岁时进入伊斯坦布尔军事学院学习。毕业后他曾在总参谋部任职，后任第三军团参谋长，并加入了青年土耳其党。

第一次世界大战爆发后，土耳其加入了德国一方的同盟国，向英、法一方的协约国宣战。凯末尔虽然竭力反对土耳其参战，但是军人的使命感和责任感还是使他走上了战场。1915 年，他指挥部队在达达尼尔海峡战役中粉碎了英法联军的优势进攻，为祖国赢得了第一次世界大战中唯一的一次战役胜利。凯末尔也因此名声大振，在 1916 年晋升为少将。1918 年，土耳其向协约国投降，其领土被帝国主义国家的军队分割占领。就在国家处于生死存亡的危急关头，凯末尔毅然辞去军职，竖起了民族独立的大旗。他统一了土耳其各地的护权协会，号召人民奋起斗争，捍卫祖国的独立和荣誉。1920 年，土耳其苏丹政府召开帝国会议，在凯末尔等人的努力下，通过了《国民公约》，确立了保护国家领土完整和民族独立的基本纲领。革命派的斗争引起了帝国主义国家的不满，这年 3 月，协约国军队开到了伊斯坦布尔，开始了对革命派的打击。

面对严峻的国内外形势，凯末尔在安卡拉召开新议会，成立了临时政府，凯末尔任临时总统。同时，他建立国民军，并任总司令。1920 年 8 月，协约国强迫土耳其签订了不平等的《色佛尔条约》。根据该条约，土耳其的所有领土都被帝国主义国家分割占

1922年10月，土耳其人在麦士拿城外围着一面巨幅国旗庆祝胜利。

领，而且它的军事和财政也要受英、法、意三国委员会的监督。凯末尔领导的临时政府拒不承认这一条约。1920年，希腊国王纠集10万大军迅速向土耳其内地推进，凯末尔动员全国的一切力量，又争取到了苏俄的支持和援助，运用机智灵活的战术，终于在1922年赢得了战争的胜利。战争的胜利迫使帝国主义国家放弃了瓜分土耳其的企图，1922年，有英、法、美、希等国参加的洛桑和平会议召开，并在1923年签订了《洛桑和约》。和约重新确定了土耳其的领土范围——几乎包括了今天整个土耳其共和国的领土，并废除了原来强加于土耳其身上的不平等条款。这样，在凯末尔的领导下，土耳其成为第一次世界大战战败国中唯一靠自己的力量恢复了主权的国家。

1923年，土耳其国民议会正式宣布废除君主制，建立共和国，并选举凯末尔为第一任总统。

为了实现土耳其的民族复兴，凯末尔在任期内进行了一系列改革。政治上，实行政教分离，废除哈里发制度，推行世俗化；经济上，借鉴苏联工业化的经验，用国家力量促进经济发展；文化上，抛弃宗教精神，培育土耳其民族精神。凯末尔的改革逐步使土耳其走上现代化之路，摘掉了“西亚病夫”的帽子。

1925 年，为了表示改革的决心，凯末尔下令禁止戴传统的土耳其礼拜帽，要求戴礼帽、鸭舌帽等欧式帽，因为圆柱形的红色礼拜帽在奥斯曼帝国有强烈的文化象征意义。为了推进改革，凯末尔还亲自戴着巴拿马帽到几个最保守的城镇视察。最后，欧式帽在土耳其流行起来，其中在平民中最流行的是鸭舌帽，因为在做礼拜时可以帽檐朝后戴，不会影响前额贴地。

1938 年 11 月 10 日，凯末尔在连任了三届总统后病逝，享年 57 岁。土耳其人民为他举行了最高规格的葬礼，以表彰他对土耳其做出的杰出贡献。

## “非暴力不合作运动”

印度的“非暴力不合作运动”有 3 次，第一次发生在 1920 ~ 1922 年，第二次发生在 1930 ~ 1934 年，第三次发生在 1942 年。

第一次世界大战期间，印度人民同英殖民统治者间的矛盾日益激化。战后，为缓和印度人民的反抗情绪，巩固殖民统治地位，英国殖民当局采取了镇压与怀柔两手政策。1918 年 7 月，英国通过了《孟太古—蔡姆斯福改革方案》，次年 3 月又颁布了《罗拉特法案》。英国殖民当局以为印度人会屈辱接受，谁料到《罗拉特法

1930 年 3 月，甘地率信徒开始“食盐进军”，揭开了第二次“非暴力不合作运动”的序幕。

案》刚一出台，就激起了印度人民的强烈反对，各地集会、示威和罢工活动连续不断。

这一时期，领导国大党的是莫汉达斯·卡尔姆昌德·甘地。

甘地在英国受过高等教育，曾经因为在国外领导印度侨民反对种族歧视而享有盛名。回到国内后，甘地看到印度的革命情形，认为印度必须独立。甘地虽然有进步的思想，但他却主张必须以和平方式进行反英斗争，这种斗争方式被称为“非暴力不合作运动”。“不合作”的内容包括：印度人辞去英国殖民者授予的公职，学生退出英办学校，提倡国货，抵制英货，使用土布等。非暴力不合作运动得到了印度各阶层人民的广泛响应。1921 年，国大党领导的不合作运动同工农运动交织在一起，形成了民族斗争的高潮。

1922 年 2 月 4 日，印度联合省曹里曹拉村农民突破了非暴力的限制，烧毁警察所，破坏铁路，并杀死向群众开枪的警察。曹里曹拉事件突破了甘地非暴力不合作运动范畴，被甘地认为是“不道德行为”。2 月 11 日，国大党在巴多利召开紧急会议，通过了在全国无限期地停止不合作运动的决议，第一次非暴力不合作运动宣告失败。

从1929年开始，资本主义经济危机在世界范围内爆发，英国为了减少经济危机带来的损失，加紧了对殖民地的掠夺，印度人民反英斗争重新高涨起来。1929年12月，国大党通过了“争取印度完全独立”的决议，当甘地向印度总督提出这一要求后，遭到了严厉拒绝。1930年，英国殖民当局为了加紧对印度人民的剥削，制定了《食盐专营法》，严格控制食盐生产，这一法律的实施更加引起了印度人民的不满。

1930年3月的一天，甘地带领78名印度人在印度西北部阿默达巴德城的修道院门前，对着大海的方向宣誓。

“英国人竟然以‘食盐专营法’来逼迫我们，如果他们不加以修改，我们将离开这里。”甘地情绪激昂地说。

“我们宣誓，我们宣誓……”其他的人纷纷响应。

这就是历史上著名的“食盐进军”运动。甘地带领这些人从阿默达巴德出发，徒步行走，沿路号召人民参加“非暴力不合作运动”。4月初，甘地一行人到达丹地海滨。这时候，跟随甘地的队伍已经有了上千人。当天晚上，这上千人的队伍开始绝食祈祷，第二天上午，甘地又带领这些人到海边取海水煮盐。从这天起，甘地每天都带领这些人到海边煮盐，一直坚持了3个星期。

“食盐进军”点燃了全印抗英斗争的浪潮，标志着第二次非暴力不合作运动开始。

和第一次非暴力不合作运动一样，甘地极力主张把群众运动限定在和平范围内，但是，英国殖民当局并不讲什么“非暴力”，他们逮捕甘地和国大党的其他领导人，并下令取缔国大党。英国殖民当局的这些做法使印度人民再一次冲破了非暴力的限制，示威游行、罢工、抗税斗争不断发生，有的地方还爆发了武装起义。

印度人民掀起的革命风暴把英国人吓坏了，他们急忙到监狱与甘地会谈，撤销了取缔国大党的命令，想以此来平息印度人民的斗争烈火。1931 年 3 月，受英国殖民当局蒙骗的甘地与英国驻印度总督欧文签订了《甘地－欧文协定》。此后，印度的群众斗争转向低谷。1934 年 5 月，国大党再一次宣布无条件终止不合作运动。第二次非暴力不合作运动失败了。第三次非暴力不合作运动爆发于 1942 年，可惜还没有发展起来就流产了。

## 华盛顿会议

“废除英日同盟？我看没有那个必要吧，不如美国也参加到这个同盟中来，以三边协定来代替英日同盟。”英国外交大臣贝尔福带有商量的语气对美国国务卿休斯说。

休斯的口气更是毋庸置疑：“我反对这个建议，如果法国也能加入到这个协议中来，我将对这一建议予以考虑。”

“好吧，希望这一同盟能改变各国之间的关系。”贝尔福拿起笔，在四国协定上签了字。

这一幕发生在 1921 年 11 月 12 日召开的华盛顿会议上，其实，英日同盟问题并没有被列为大会议程，但是，迅速崛起的美国很想通过调整列强在远东的相互关系来加强自己的地位。同时，英、日也畏惧于美国雄厚的军事实力，就这样，美、英、法、日四国签订了同盟条约。

参加华盛顿会议的各国代表在《限制海军军备条约》上签字。

美国是这次华盛顿会议的发起者，第一次世界大战结束后，各帝国主义国家掀起了一场海军军备竞赛，其中以美、英、日最为突出。美国仰仗急速膨胀的工业和金融实力，向海上霸主英国发出了挑战，当时的美国海军部长丹尼尔斯曾宣称将在几年时间里建成一支世界上最强最优秀的海军。而美国如果要与老牌的英国和后起之秀日本争锋，就必须限制他国的海军军备，于是，以此为主要议题的华盛顿会议召开了。这次会议适应了各国人民要求裁军的呼声，为美国赢得了“捍卫和平”的美名，同时，还使美国在限制各方的过程中为自己争夺利益。

在讨论限制海军军备问题时，与会各国争执不休。

“我们不能再进行无止境的军备竞赛了，我提议，英、美、日主力军舰吨位比例为 10 ∶ 10 ∶ 6，你们觉得怎么样？”休斯又提出了他的建议。

贝尔福从座位上站起，面红耳赤：“坚决反对，大英帝国一直是海上霸主，号称‘日不落帝国’，怎么能随便把海上的霸权拱手相让呢？”

休斯干笑了两声：“海上的安全是离不开强大的美国的。我们拥有足够的经济和军事实力来防御海洋，如果诸位不同意我的建议的话，就请继续军备竞赛吧，我国将奉陪到底。”

法国外长白里安也有点沉不住气了：“你们想把法国排除在外吗？我们可也是为世界和平出了不少力啊。”

日本海军大臣加藤友三郎更是嚣张：“我坚持美、英、日三国主力舰吨位比例为 10 ∶ 10 ∶ 7。”

“好啊，如果日本坚持这种比例，那么，日本每造一艘军舰，美国就造 4 艘。”休斯威胁道。

最后，经过激烈的争吵，美、英、日、法、意签订了《限制海军军备条约》，规定 5 国海军主力舰吨位的比例为 5 ∶ 5 ∶ 3 ∶ 1.75 ∶ 1.75。美国取得了与英国相等的制海权，从此美、英两国并驾齐驱。

在限制潜水艇问题上 5 国更是吵得不可开交。英、美拥有大量商船，由于在一战中深受潜水战之苦，所以主张完全销毁潜水艇，在限制军备竞赛中没有占上风的法国却坚决反对。所以华盛顿会议并没有就潜水艇问题达成协议。

中国问题也是这次会议的一项重要议题。出席华盛顿会议的中国代表慑于中国人民反帝斗争的压力，在会上提出了一系列正当要求，如取消《凡尔赛条约》中关于山东的条款、日本放弃“二十一条”、撤销列强在中国的治外法权和“势力范围”，等等。而日本企图把中日之间的各种问题一笔勾销，提出华盛顿会议只限于一般问题的讨论，想把中日之间的这些具体问题留到会外与中国代表“直接交涉”。美、英为了打击日本在华势力，支持中国收回山东。迫于形势，日本不得不将山东的主权退还给中国。

1922 年 2 月 6 日，与会代表签订了《九国公约》，这个公约表面上宣称尊重中国的主权和独立及领土与行政的完整，实际上只是打破了日本独占中国的局面，使中国又回到了列强共同宰割的局面中。

华盛顿会议是巴黎和会的继续和发展，建立了帝国主义重新瓜分世界的新秩序。

## 新经济政策与苏联成立

苏维埃政权得到初步稳定后，列宁曾向美国人哈默坦诚地介绍苏俄经济建设的情况，并邀请哈默到苏俄考察："虽然我们两国的政治制度不同，但是你却来到了俄国。听说你曾对战争中的我军进行医务救济，对此我代表我国人民感谢你。不过，我们最需

长臂尤里纪念碑与莫斯科苏维埃大楼

宣传斯大林领导苏联人民建设社会主义的海报

要的还是美国商人，包括美国的资本和技术。苏俄才刚刚起步，资源丰富但却未经开发。而且，我们已经实行了新经济政策，给外商提供了很好的发展平台。所以我们欢迎美国商人来到这里推销产品，你们也可以来我们这里寻找原料，苏俄人对此十分欢迎。”

不久后，哈默成了第一个在苏俄经营租赁企业的美国人。这是苏俄新经济政策颁布后发生的一件事，而在新经济政策颁布之前，这是每一个苏维埃人都不会想到的事。

十月革命胜利后的苏俄成为世界上第一个社会主义国家。作为新生事物，这个苏维埃国家很快引起帝国主义列强的仇视。帝国主义国家不仅对苏俄实行经济封锁，还派出军队入侵苏俄，进行直接武装干涉，企图颠覆新生的社会主义政权，苏俄国内的反动势力也纷纷寻机叛乱。在这种极端困难的条件下，苏维埃人民在布尔什维克党的领导下，开始了保家卫国的战斗。1920年，苏俄国内战争取得了胜利。

当时，苏俄的经济已处于崩溃边缘。1921年初，粮食产量只有战前的一半，广大农民处于饥荒的灾难之中，他们迫切需要政府对他们进行经济帮助。而连年战祸使工业产量仅为第一次世界大战前的1/5，燃料、冶金、机器制造等部门几乎完全遭到了破坏，铁路运输几乎停顿，几百座铁路桥梁被毁。

在这种困难情况下，工人中的失望和不满情绪上升，有的地方还出现了罢工事件。农民的不满情绪更为严重，他们不肯再把粮食无偿地献给国家，一些中农甚至还参加了反苏维埃叛乱。

所有这些情况都说明，苏维埃政权实行的战时经济政策已不适合经济发展的需要了。以列宁为首的布尔什维克很快意识到这一点，开始寻求解决的办法。在仔细分析了国内的情况后，列宁认为恢复经济，稳定政权必须从改善国家同农民的关系入手。

1921 年 3 月，俄共召开了第十次代表大会。会议根据列宁的报告，决定用粮食税代替余粮收集制。也就是说，特殊国情下的战时共产主义政策已经被废除，新的经济政策开始实行。这种新经济政策规定，农民不必把全部余粮交给国家，只需交纳一定的粮食税，超过税额的余粮都归农民个人所有。

粮食税的实行调动了广大农民的生产积极性，新经济政策取得了成效。于是，苏俄政府又把新经济政策扩展到其他领域。

在工业方面，除涉及国家命脉的重要厂矿企业仍然归国家所有外，那些中小企业和国家暂时无力经营的企业则允许本国和外国的资本家经营。在商业领域，恢复国内的自由贸易，允许农民和小手工业者把自己的劳动产品拿到市场上自由买卖，等等。

新经济政策实行后，得到了广大农民和工人的拥护，也得到了其他劳动者的拥护。此后，工农联盟日益巩固，苏维埃政权不断加强。到 1925 年，国民经济已基本恢复。

新经济政策为苏俄从资本主义向社会主义过渡创造了有利条件。1922 年 12 月 30 日，苏维埃社会主义共和国联盟成立大会在莫斯科召开，大会宣布，在自愿和平等的基础上成立“苏维埃社会主义共和国联盟”，参加联盟的4个共和国包括俄罗斯、乌克兰、白俄罗斯和外高加索联邦，简称苏联，苏联由此成立。

## 《非战公约》

20世纪是个战争的年代，局部战争和世界性的大战不断发生。伴随着战争的，是和平主义运动在欧美兴起，各种和平方案层出不穷。

1927年3月，美国非战运动的代表人物肖特威尔访问法国，并与法国外长白里安举行会谈，提出了非战的和平方案。4月6日，是美国参加第一次世界大战纪念日，法国趁此机会在巴黎召开了纪念大会，数千名参加过一战的美国军人参加了纪念大会。白里安做了大会发言，在发言中，白里安建议法美两国缔结条约，永恒友好，互不作战，想以此同美国建立类似军事同盟的关系，借机加强法国在欧洲大陆的地位。6月20日，白里安又向美国驻法大使递交照会，正式提出双边条约草案，提出两点建议：放弃以战争作为执行国家政策的工具；和平解决两国间的一切争端。

张伯伦(左二)、白里安(右一)等人在国联会议上交谈。

对于法国的单方面的热情，美国政府并没有及时给予答复。迫于社会团体的压力，美国对白里安的草案还是进行了研究。半年后，美国决定采用白里安的草案。12 月底，美国国务卿凯洛格向法国发出照会，提出非战公约不应只限于美法两国，而应由世界 6 大强国——美、法、英、德、意、日共同签署，然后邀请世界其他国家参加。美国的目的是想通过多边非战公约的缔结使美国居于领导地位，降低英、法操纵的国际联盟的作用。

美国的多边和平建议使法国的计划落空了。白里安虽然心里极其不满，但慑于美国势力的强大又不好拒绝。1928 年 1 ~ 3 月，法美两国多次互换照会，但始终未能就签订多边条约还是双边条约达成一致意见。

4 月，美国向英、德、意、日政府发出照会，并附上白里安关于签订非战公约的草案，争取这些国家的支持。不久，德国政府率先表示支持多边公约，并反对法国的保留意见。随即，英国也做出反应，支持多边公约，但坚持只有在不损害英国利益的基础上才接受公约。但此时的英、法两国根本不可能再像以前那样无视美国和其他各国的存在，因此，在美国的压力下，经过多次谈判后，英、法终于同意在条约上签字。

1928 年 8 月 27 日，美、英、法、德、比、意、日、波、捷克斯洛伐克等 15 国的代表在巴黎签订《关于废弃以战争作为推行国家政策的工具的一般条约》,这一条约也被称为《凯洛格—白里安公约》或《非战公约》，于 1929 年 7 月 25 日正式生效。《非战公约》包括序言和正文，正文的主要内容是：废弃以战争作为推行国家政策的工具，反对用战争来解决国际争端；不论国际争端或冲突性质或起因如何，都只能用和平方法解决。公约规定，世界所有国家都可加入该公约。

签约的同一天，美国将签约照会送交除苏联以外的世界其他国家，邀请各国参加。法国则负责去邀请苏联。9月，苏联宣布正式加入这一公约，但同时也对公约里没有包含关于裁军义务的内容表示遗憾。中国于1929年在公约上签了字。截至1934年5月，加入《非战公约》的国家增加到了64个。当时全世界只有68个主权国家，只有阿根廷、玻利维亚、萨尔瓦多和乌拉圭4个拉丁美洲国家没有加入这一公约。也就是说，世界上的绝大多数国家都希望废除战争，但是，各国在加入《非战公约》时都先后发表备忘录或声明，对公约提出保留条件，声称有权根据实际情况决定是否“诉诸战争”，所以公约提出的“废除战争”只能是一纸空谈，既不能解决任何国际纠纷，更不能废除帝国主义战争。但该公约在国际关系中对反对帝国主义战争的斗争有一定的作用，对国际法产生了一定影响。

## “圣雄”甘地

当甘地最亲密的战友之一、历史学家克里帕拉尼第一次听到甘地表述“非暴力”思想时，克里帕拉尼直截了当地对甘地说：“甘地先生，您可能了解《圣经》和《薄伽梵歌》，但您根本不懂得历史。从没有哪个民族能和平地得到解放。”甘地温和地说：“您才不懂得历史，关于历史您首先得明白，过去没有发生过的事并不意味着将来也不会发生。”

甘地除了坚信一切都有可能，他还坚信人是可以改变的。他首先改变了自己，从饮食、穿着、交通方式这些最微小的事情，

甘地在“非暴力不合作运动”中纺线。

到精神、意志、行为方面的修炼，每天都在试图进一步完善自己。他以自己的身体力行最大限度地感染和带动了周围的人，令他们行动起来，寻求生活的意义和真谛。更令人称奇的是，甘地赢得了许多英国人的支持，以至于那些被派往印度工作的英国高级官员在临行前会被不断提醒：小心甘地的魅力。

甘地的魅力是不可估量的，他把毕生的精力都奉献给了印度人民的解放事业，不但赢得了印度人民的爱戴，还被誉为“圣雄”和“国父”。

1869年，甘地生于印度西部波尔邦达一个土邦大臣之家，甘地一家人都是绝对的素食主义者。他们还主张忍耐和禁欲，这对甘地以后思想的形成影响很大。

13岁时，甘地在父母的安排下与嘉斯杜结婚，并因此而停学一年。1889年，甘地不顾族人的反对，离开家乡去英国留学。他考入伦敦大学攻读法律，于1891年6月取得律师资格证。12月他动身回国，在一家律师事务所任职，不久，甘地应一位印侨富商的邀请前往南非办理一个债务案件。没想到他在南非一待就是21年，期间他多次运用非暴力反抗方式领导印度侨民争取平等待遇，反对白人对有色人种的歧视。他在南非的斗争颇有成效，迫使南非政府废除了针对印侨的人头税，并承认了印度的合法婚姻在南非有效。

1914年，甘地从南非回到印度，很快就成为国大党的主要领导人之一。一战爆发后，英国为了争取殖民地人民的支持，允诺胜利后给印度自治的地位。甘地积极响应英国的号召，在印度帮英国招募士兵参加战争。但大战胜利后，英国不但没有兑现诺言，反而对印度实行更为强硬的措施。这引起甘地的强烈愤慨，于是开始组织非暴力反抗运动，以争取印度的自治地位。1922年，在甘地的号召下，印度人民举行了大规模的罢工、罢课、罢布和集会游行，引起英国殖民统治者的恐慌。随后英国殖民当局逮捕了甘地，并判处他6年监禁，后因病被提前释放。1924年，甘地当选为国大党主席。1930年3月12日，甘地率领信徒开始“食盐进军”，到印度洋西海岸提炼海盐，以反对英国殖民当局的食盐专卖政策，由此发动了第二次非暴力不合作运动。在英国殖民当局的残酷镇压下，第二次不合作运动很快失败。1940年，甘地又发动了第三次运动，经过几个阶段的努力，最终还是失败了。虽然三次不合作运动都是以失败而告终，但还是取得了显著成果：1930年，印度的各种纺织品进口比上年减少了1/3，纺织中心孟买的16家英国工厂倒闭，而印度人的土布工厂则在一年中从384家增加到了600家。

1945年第二次世界大战结束后，在甘地的不懈努力下，英国终于答应印度独立。但为了继续维护英国在印度的利益，1947年英国政府通过了“分而治之”的《蒙巴顿方案》，把印度分为印度自治领和巴基斯坦自治领两个部分。《蒙巴顿方案》导致了印度各教派之间激烈的冲突。为了制止教派冲突，75岁高龄的甘地决定以绝食的方式来感化大家。1948年1月13日绝食开始，由于甘地在印度人民心中具有崇高威望，各教派都派代表团来看望他。甘地要求各教派写出书面保证，不再发生宗教冲突。1月30日，甘地在一次祈祷会上被枪杀，享年79岁。这位终身提倡“非暴力”运动的领袖，最后却死于暴力，不能不说是历史的遗憾。

## 罗斯福新政

1929年10月24日，美国纽约证券交易所的股票指数开盘后便一路狂跌，尽管股民们发疯似的抛售各种股票，但还是有无数的股民顷刻间倾家荡产。这一天，有1300多万股票易手，创美国历史上的最高纪录。突然发生的这一切又有谁会想到呢？在这之前的几个月里，美国通用汽车公司、钢铁公司的股票都有过大幅度的上升。就在前一个月，美国财政部长还信誓旦旦地向公众保证这一繁荣的景象还将继续下去。但是，一夜之间，股票从顶巅跌入深渊，而且一跌再跌。10月24日是星期四，所以这一天被称为“黑色星期四”。

两名美国妇女展示她们的社会保险卡，罗斯福为保障美国公民的社会福利，引入了养老保险、失业保险和事故保险。

纽约股票市场的崩溃宣告了一场席卷资本主义世界的经济危机的到来。第一次世界大战后，美国聚集了大量财富，但它并没有能逃离经济危机的泥沼，以前蒸蒸日上的繁荣景象逐步被存货如山、工人失业、商店关门的凄凉景象所代替，千百万美国人多年的辛苦积蓄付诸东流。8 万多家企业破产，5000 多家银行倒闭，失业人数由 150 万猛升到 1700 多万，大量的牛奶倒入大海，粮食、棉花当众焚毁。

富兰克林·罗斯福就是在这种情况下当选为美国第 32 届总统，取代了焦头烂额的胡佛。富兰克林·罗斯福是西奥多·罗斯福的侄子，40 岁时患脊髓灰质炎造成下肢瘫痪，成了一个残疾人。但是，罗斯福并没有被残酷的命运吓倒，正如他在总统就职演说时说的那样："我们唯一恐惧的只是恐惧本身，一种丧失理智的、毫无道理的恐惧心理……"

面对这场严重的经济危机，罗斯福决心领导美国人冲出低谷。

### ·柯立芝繁荣·

第一次世界大战结束后，英、法、德等战前强国元气大伤，美国得以轻松向外经济扩张。加上国内的技术革新和管理方式的改革，使得美国经济高速发展，到 1929 年，美国经济已经占世界经济比重的 48.5%。这段时期主要是柯立芝担任总统，所以历史上把这段时期称为柯立芝繁荣。但是这种繁荣是虚假的，因为当时美国流行炒股票，股市一片"繁荣"，股价的上涨导致越来越多的人将钱投入股市而不是发展生产。而且美国当时繁荣的产业主要集中在一些工业部门，而另一些工业部门和农业却不怎么景气，结果导致美国社会经济发展不平衡，矛盾激化到一定时候就爆发了经济危机，大萧条时代来临。

他针对当时的实际情况，顺应广大人民群众的意志，大刀阔斧地实施了一系列旨在克服危机的政策措施。

由于经济危机是由金融危机触发的，所以罗斯福决定从整顿金融入手。1932 年 3 月 6 日，罗斯福发布总统令，要求国会于 3 月 9 日举行特别会议审议《紧急银行法》，3 月 9 日，国会通过《紧急银行法》，决定立即关闭所有的银行。罗斯福的这一行动犹如黑沉沉的天空中出现的一道闪电，对收拾残局、稳定人心起到了巨大作用。美国历史上的罗斯福新政轰轰烈烈地开始了。

在整顿银行的同时，罗斯福还采取了加强美国对外经济地位的行动。

1933 年 3 月 10 日，罗斯福宣布停止黄金的对外出口，禁止私人储存黄金和黄金证券，禁止使用美钞兑换黄金，废除以黄金偿付公私债务。这些措施，对稳定局势、疏导经济生活的血液循环产生了重要的作用。

在农业方面，政府与农场主签订减耕合同，限制农作物种植面积和农产品产量，维持农产品价格，避免农场主破产。

在工业方面，政府颁布《全国工业复兴法》，要求资本家们遵守“公平竞争”的规则，规定工人最高工时和最低工资，订出各企业生产的规模、价格、销售范围，以便限制垄断，减少和缓和了紧张的阶级矛盾。

新政的另一项重要内容是救济工作。1933 年 5 月，国会通过《联邦紧急救济法》，成立联邦紧急救济署，合理划分联邦政府和各州之间的救济款使用比例，制定优惠政策鼓励地方政府用来直接救济贫民和失业者，给失业者提供从事公共事业的机会。到第二次世界大战前夕，美国政府支出的种种工程费用及数目较小的直接救济费用达180亿美元，修建的飞机场、运动场、学校、医院等更是不计其数，是迄今为止美国政府承担执行的最宏大、最成功的救济计划。

正是在罗斯福的带领下，美国人民才渡过了20世纪30年代那次最为严重的经济危机，为美国投入第二次世界大战及战后的快速崛起奠定了坚实的基础，因此罗斯福也成为继亚伯拉罕·林肯以来最受美国和世界公众欢迎的总统。1936年，罗斯福以压倒多数的票数再度当选为美国总统，1940年、1944年又两次击败竞争对手，成为美国历史上唯一一位连任四届的总统。

## 纳粹党上台

啤酒馆暴动被镇压后，魏玛政府宣布取缔纳粹党，巴伐利亚当局以阴谋推翻政府罪逮捕了希特勒和鲁登道夫等人。1924年4月1日，希特勒被判处5年徒刑，鲁登道夫、罗姆等人则被无罪释放。

希特勒走上纳粹德国的最高统治宝座。

在狱中，希特勒口授了《我的奋斗》一书。希特勒打着反对民族压迫的幌子，进行复仇主义的宣传，叫嚣要对外扩张，以求得生存空间。虽然书中的内容极其反动，但在希特勒等人的掩盖下，还是有一大部分不明真相的德国人对书中的希特勒佩服得五体投地，希特勒也因此有了更多追随者。

1924年底，希特勒假释出狱。此时的希特勒更加狡猾了，他一再向巴伐利亚政府保证，以后一定循规蹈矩，不再进行政治活动。其实，他正在策划重组纳粹党，再建冲锋队。

1929年，整个资本主义世界爆发了经济危机，德国也受到了沉重的打击。战败后的经济已经给德国人蒙上了阴影，更禁不起如此打击。经济危机刚一爆发，德国就有约800万工人失业，无数家中小企业倒闭。魏玛政府为了把危机造成的后果转嫁到劳动人民身上，采取了增加税收、削减失业救济金等措施。国内的阶级矛盾顿时被激化了。1932年，仅两个月全德就爆发了900多次罢工。内外交困的统治阶级感到，只有剑才是德国的经济政策，于是，一种对内镇压人民革命，对外用大炮、坦克去夺取殖民地的政府的成立成了许多人的幻想。

希特勒抓住了这一有利时机，开始在德国到处进行鼓动和宣传。他吸取了啤酒馆暴动失败的教训，决定在努力扩大纳粹党的群众基础的同时，全力争取权力集团，即垄断资产阶级、军官团和容克的支持，走合法斗争的道路。

1932年1月，希特勒在垄断资本家的会议上发表了长篇演说，宣扬纳粹的法西斯纲领，博得了资本家们的一致喝彩。希特勒还到全国各地进行“飞行演说”，他滔滔不绝地大谈人民的苦难、民族的仇恨，并向人民许下种种美妙的诺言。在他的欺骗宣传下，处于绝望状态下的失业工人、农民和学生纷纷加入纳粹党，不久之后，纳粹党成为全国第一大党，而纳粹党的冲锋队也发展到10万余人，比当时德国政府的国防军还要庞大。

1932年2月25日，德国总统兴登堡收到了容克地主代表阿尔尼姆伯爵写来的信，阿尔尼姆伯爵在信中阐述了希特勒和纳粹党对德国的重要性，表示支持希特勒出任政府总理。1932年11月中旬，17名工业界和银行界巨头联合向兴登堡总统递交请愿书，要求任命希特勒为总理。1933年1月下旬，国防军第一军区司令勃洛姆贝格及其参谋长莱斯瑙也在兴登堡总统面前力荐希特勒为民族阵线政府总理。1月30日，经过希特勒的一番策划，才执政57天的施莱彻尔内阁倒台，兴登堡总统正式任命希特勒为总理。此后，德国陷入了法西斯的统治之下。

1933年2月27日，坐落在德国柏林共和广场旁的国会大厦突然燃起了熊熊大火，转眼间，这座柏林城内的宏伟建筑变为灰烬。事发以后，希特勒断言这场火灾是共产党反对新政府的罪行。于是，一场搜捕共产党的运动在德国开始了。希特勒命令早已进入高度战备状态的冲锋队立即行动，根据事先拟好的名单抓获了4000多名共产党员和许多左派进步人士。德国共产党国会议员托尔格列尔，保加利亚共产党主席、共产国际西欧局领导人季米特洛夫等也同时被捕。

9月21日，纳粹法西斯在莱比锡公开审理了这起国会纵火案。在国际舆论的声援下，莱比锡法庭不得不宣布季米特洛夫无罪。“国会纵火案”的失败，不但没有使希特勒醒悟，反而使希特勒更加仇恨共产党，德国共产党则不屈不挠地同法西斯进行着斗争。

1934年8月，兴登堡总统去世，没有了约束的希特勒立即宣布废除总统制，自任国家元首兼总理，独揽了全部大权，由此掀开了德国历史上“第三帝国”的篇章。

希特勒掌权以后，马上撕下伪装的嘴脸，对内进行独裁统治，对外进行侵略扩张，特别是对犹太人实行的种族灭绝政策，使得600万犹太人惨遭屠杀。

## 绥靖政策

绥靖政策也称姑息政策，是一种对侵略不加抵制、姑息纵容、退让屈服，以牺牲别国为代价，同侵略者勾结和妥协的政策。第一次世界大战后，各国人民革命的兴起和社会主义苏联的出现，引起了西方帝国主义国家的恐惧和仇视。它们在争夺世界霸权的斗争中，既想削弱和击败竞争对手，又想联合起来反对社会主义、镇压人民革命，这一矛盾心理处处都能得到体现。

1929～1933年的世界经济大危机使各帝国主义实力此消彼长，英、法雄霸欧洲的局面一去不复返。随着德国法西斯的崛起，英法两国已经丧失了协调欧洲格局的外交主动权。1934年10月，法国强硬外交的代表人物——法国外交部部长巴尔都在马赛遇刺身亡，标志着法国绥靖政策的开始。而在英国，张伯伦则是这一政策的代表人物。

张伯伦于1937年5月28日出任英国首相，当时正是法西斯国家疯狂扩张的时候，国际环境恶劣。张伯伦自知英国已无力改变国际形势，便决定发展其前任麦克唐纳和鲍尔温一贯推行的绥靖政策。

20世纪30年代以前，英、法、美的绥靖政策主要表现为扶植战败的德国、支持日本充当防范苏联的屏障和镇压人民革命的打手。从凡尔赛—华盛顿体系和道威斯计划、杨格计划、《洛迦诺公约》中都能找到绥靖政策的影子。1937年的经济危机再一次给英国造成了经济困境和社会动荡，与此同时，苏联正逐渐强大起来，时刻威胁着英、法等大国的利益。英、法一直希望能找到一种能遏制苏联的势力。

面对德国希特勒的强硬，张伯伦企图以退让来稳定形势，以便重整军备来确保英国在欧洲乃至整个世界的霸权地位。以丘吉尔为代表的少数人反对张伯伦这种一面寻求妥协，一面重整军备的双重政策，但遭到了张伯伦的排斥。

在张伯伦的积极“努力”下，英国制定了“欧洲总解决的绥靖政策总计划”，并派大臣哈利法克斯伯爵于1937年11月17日访德，向希特勒详细介绍了英国的政策，以使希特勒进攻苏联有恃无恐，妄图早日把祸水引向苏联，坐收渔翁之利。张伯伦政府还承认了意大利对埃塞俄比亚的侵占，并与法、美一起对西班牙内战实行“不干涉政策”。1937年，英、法、美对日本发动全面侵华战争视而不见，在此后的太平洋国际会议上，阴谋出卖中国，同日本妥协。

1938年3月，德军开进奥地利，张伯伦政府给予了默许。当希特勒挑起捷克境内的苏台德危机时，英国虽象征性地对德施加了压力，但依然没有放弃既定的绥靖政策。而慕尼黑会议和《慕尼黑协定》则是绥靖政策最典型的体现。1938年9月29日，英、法、德、意四国首脑在慕尼黑举行会议，四国正式签订了《关于捷克斯洛伐克割让苏台德领土给德国的协定》，即《慕尼黑协定》。会上，英、德还签订了《英德互不侵犯宣言》。捷克政府在德国的军事威胁和英、法、意的压力下，被迫接受了这个协定。英、法及幕后支持的美国，妄图以牺牲捷克斯洛伐克为代价，来求得一代人的和平，并将祸水东引。但事与愿违，绥靖政策不但没有给欧洲带来张伯伦所谓的“和平新时代”，反而加速了战争的到来。当希特勒以闪电战占领捷克斯洛伐克时，张伯伦开始有些坐不住了，他一边威胁德国，一边与德国进行秘密谈判，毫无意义的谈判更加坚定了希特勒发动战争的决心。

第二次世界大战爆发后，西线出现了“奇怪战争”，英、法的“不战不和”战略使希特勒在侵略欧洲小国时忘乎所以，野心越来越大，以至于最后直取法国，进逼英国。

历史证明，绥靖政策不但无法满足法西斯国家的侵略野心，反而加速了第二次世界大战的爆发。

## “二二六”兵变

当希特勒在德国建立起法西斯专政，并形成世界大战的欧洲策源地的时候，亚洲日本的法西斯势力也开始蠢蠢欲动。

在第一次世界大战中，日本和美国一样大发战争财，战后成为债权国，就经济形势这一点来说，要比德国好得多。但日本走上资本主义道路的时间比较短，原有的经济基础比较薄弱，在政府的大力推动下，日本才得以走向帝国主义阶段。同时，由于日

法西斯军国主义与传统的武士道相结合，形成日本军人畸形而毒戾的作风，图为 1932 年在上海的几名日军军官。

本是个岛国，国土范围比较小，所以经济的发展有着先天性的缺陷：国内市场狭小，资源极度贫乏，必须依赖海外的原材料市场和商品市场才能维持生存。因此，经济危机的爆发和世界各国提高关税，对日本来说是个沉重的打击。为了转嫁经济危机，日本资本家大量裁减工人，降低工人工资，使日本国内的阶级矛盾日趋尖锐，经济危机逐渐演变成了政治危机。

1929 年底和 1930 年 4 月，东京的电车和公共汽车工人举行大罢工，与之相呼应，大阪、横滨的电车、公共汽车工人与资本家发生了劳资纠纷。据统计，1931 年日本国内的罢工次数比 1928 年增加了 1.5 倍。在这种情况下，日本统治阶级惶恐不安，亟须建立强权政治。

日本军部是日本统治集团内部庞大的军事官僚机构，它独立于政府、议会之外，包括政府中的陆军省、海军省、陆军最高指挥参谋本部、海军最高指挥军令部等部门。日本法西斯要求在日本天皇的名义下建立法西斯独裁政权，实行对外侵略扩张。1931 年，在日本军部的策划下，爆发“九一八”事变，日本霸占中国东北，随后便进一步向中国内陆渗透。

和德、意法西斯一样，日本法西斯也公开反共，并在“防止赤化”的口号下，摧残一切进步力量。此外，还制造了一连串暗杀事件，对那些政见不合的统治集团中的个别首脑进行暗杀。于是，日本一步步走上了对内独裁、对外扩张的道路。

1936年2月26日凌晨，日本东京一片沸腾，一队士兵组成的队伍浩浩荡荡地向日本政府首脑的官邸行进。这些士兵一边走，一边挥动着手里的大字标语，高喊口号，路旁看热闹的群众不知道发生了什么事，被手中端着枪的士兵们吓坏了，忙躲进角落里，大气都不敢出。

这次兵变约有1400名士兵参加，由皇道派军官安藤辉三、村中孝次和栗原安秀等率领。在皇道派军官的鼓动下，士兵们冲入政府首脑官邸，杀死内阁大臣斋藤实、大藏大臣高桥是清和教育总监渡边锭太郎，占领陆军省、参谋本部、国会和总理大臣官邸、警视厅及附近地区，要求任命荒木贞夫为关东军司令官，并罢免统制派军官。

为了平息皇道派军官的叛乱，日本陆军当局颁布《戒严令》。2月29日，日本陆军部下达镇压命令，大部分叛军头目被逮捕，参加叛乱的士兵被迫回到各自的营房。

“二二六”兵变虽然因为军阀集团的内讧而未能得逞，但却使得原内阁辞职，使老牌法西斯分子广田弘毅上台组阁。广田弘毅上台后，首先恢复了军部大臣的现役武官制，规定内阁中陆、海军大臣必须由现役中将级以上的军人担任，以加强军部左右日本政局的能力。广田弘毅还以镇压叛乱、稳定时局为名，对内禁止工人罢工，限制人民的各种自由，并加紧对舆论及宣传机关的控制和收集情报的活动。此外，广田弘毅还制订了《基本国策纲要》，公开表明，不仅要继续扩大侵华战争，而且还要对亚洲、太平洋地区其他国家进行侵略扩张。与这一国策相适应，日本加紧了扩军备战，陆军提出了6年内增建41个师团、142个航空中队的计划，海军提出了5年内增建各种军舰66艘的计划。

这样，以广田弘毅上台组阁为标志，天皇和军部为核心的法西斯专政在日本建立起来了，世界大战的亚洲策源地就此形成。

## 苏联的建设与宪法的确立

列宁逝世后，苏联的社会主义建设主要在斯大林的领导下进行。

1925年12月，联共（十四大后，俄共改称为联共）十四大召开。大会通过了社会主义工业化的总方针，决定把苏联从农业国变为工业国。这次会议的召开标志着有计划、大规模实现社会主义工业化时期的开始。

苏联的社会主义建设在国际上受到了帝国主义的包围和威胁，加上国内原有的经济文化和技术基础十分落后，资金短缺，而社会主义建设是史无前例的，没有成功的经验可供借鉴，所以苏联人民只能自己进行摸索。1927年末，苏联的工业生产超过了一战前的最高水平。然而，以落后小农经济为基础的农业并不能适应工业的迅速发展。1927年12月，联共召开十五大，确立了农业集体化的方针，规定党在农村的基本任务是把个体小农经济联合并改造为大规模集体经济。从1928年起，苏联开始了有条不紊地进行经济建设，新经济政策被取消了。

1928年初，苏联发生了粮食收购危机，虽然农业丰收，但国家收上来的粮食却比上年减少了近200万吨。斯大林认为，粮食收不上来是富农反抗造成的。于是，苏联政府采取强制措施，强迫富农把粮食卖给国家，同时推行农业集体化的政策。在经济建设之初，农业集体化进展的速度并不快。但1929年4月以后，集体化运动大规模开展起来，并出现了全盘集体化的趋势，即某些村、乡的农民一起加入集体农庄。斯大林过高地估计了富农的觉悟程度，要求全国迅速实现全盘集体化。

手握镰刀斧头的苏联男女雕像

在开展全盘集体化运动的过程中，苏联改变了对富农的政策，从限制和排挤富农阶级转变为消灭富农阶级。农业集体化虽然暂时有利于工业的发展，但它违背了农民自愿加入的意愿，与当时生产力发展水平低下的状况不相适应，使农业生产力得到了破坏，严重阻碍了苏联经济的发展。

随着国家工业化和农业集体化的实现，苏联社会发生了重大变化：社会主义经济成分在国家经济中占据着绝对的主导地位；工商业中的私营经济被消灭了；农村中的富农经济被消灭了；个体小农经济也被集体所有制经济取代，国家所有制和集体所有制成为苏联社会的经济基础。这些变化都是苏联社会主义建设和改造取得的巨大成就，有必要以法律的形式确定下来。

根据苏维埃第七次代表大会所做的决议，为了适应社会和经济等方面发生的变化，苏联宪法需要进行修改和补充。会后组成了宪法委员会，负责起草苏联宪法的修改草案，斯大林任委员会主席。

1935年12月，宪法委员会把拟好的宪法草案在报刊中公布，让苏联人民都参与到宪法草案的讨论中来。

1936年11月26日，苏维埃第八次非常代表大会在莫斯科召开。斯大林在会上做了《关于苏联宪法草案》的报告，斯大林在报告中列举了上一部宪法制定以来苏联社会的变化，归纳出新宪法草案的一些特点，并对新宪法的意义进行了总结。12月1日，新宪法草案得到大会代表的一致通过。

12月5日，大会批准了宪法的最后文本，通过了《苏维埃社会主义共和国联盟宪法》。由于该宪法是在斯大林参加和指导下制定的，所以又被称为《斯大林宪法》，也称《1936年宪法》。苏联新宪法含13章146条，规定苏联是工农社会主义国家，其全部权力属于城乡劳动者，由劳动者代表苏维埃行使，苏联的经济基础为社会主义经济体系及生产工具与生产资料社会主义所有制，实行“各尽所能，按劳分配”的原则，凡苏联公民，不论民族和性别，一律平等，享有言论、出版、集社、劳动等自由。

新宪法颁布实施后，苏联党和人民立即转入按新宪法进行苏联最高苏维埃选举的准备工作，并于1937年12月12日进行了苏联最高苏维埃第一次选举。苏联《1936年宪法》是一部胜利建成社会主义的宪法，在无产阶级宪法史上具有重要的意义。

## 马德里保卫战

1936年2月，西班牙举行国会选举。出人意料的是，由共产党、社会党和其他进步力量组成的人民阵线在这次选举中大获全胜。接着，人民阵线成立了以左翼共和党人为首的共和国政府。

西班牙是个工业比较落后的国家，受1929年开始的资本主义世界经济危机的影响，国内的工农业生产陷入混乱状态。1931年4月，资产阶级民主共和国成立。但是，西班牙的政局并没有因此而改观，由资产阶级共和党和社会党组成的联合政府只是实行了一些极为有限的改革，根本性的问题还是没能得到解决。在这种情况下，人民阵线得以胜出。

新政府一组成，立即实施了一系列有利于人民的民主措施：释放政治犯，因政治原因而失业的工人的工作得以恢复；实行养老金和工人休假制度，宣布西班牙各族人民拥有自决权；实行部分土地改革，禁止强制农民迁离他们租佃的土地等。这些措施一出台，很快就得到了人民群众的拥护。

1936年，佛朗哥宣誓成为西班牙国家最高元首。

正当西班牙人民表示支持新政府的同时，与德、意等国法西斯早有勾结的西班牙法西斯却开始秘密行动起来。西班牙法西斯早就对西

### ·第五纵队·

西班牙爆发内战后，德、意法西斯派遣军队帮助佛朗哥叛军攻打马德里。叛军共有4个纵队，先后对马德里发动了4次进攻。叛军头目德利亚诺·谢罗不仅指挥手下大肆屠杀，还暗中派人进入马德里鼓动那些颠覆分子从内部破坏共和国政府，声称那些颠覆分子是他的“第五纵队”。共和国政府在内外交困的形势下被叛军颠覆，其中那些潜伏在内部的颠覆分子起了很大的作用，所以后来人们就把内奸、间谍等称为第五纵队。

班牙共产党恨之入骨，看到仇人登上了统治地位，法西斯党徒们心里当然不是滋味。

7月的一天，西班牙驻摩洛哥军司令佛朗哥纠集了一小撮法西斯军官，指挥着摩洛哥军团从南向北进攻，发动了反共和国的叛乱。与此相呼应，另一叛军将领莫拉率领队伍由北向南，与佛朗哥叛军夹击西班牙首都马德里，企图一举扼杀共和国。

这两股叛军人数众多，装备精良，而刚刚成立的共和国虽然进行了部分改革，但还处在千疮百孔之中。在叛军的步步进逼之下，西班牙南部大片土地失陷，叛军兵临马德里城下。

国难当头之际，西班牙共产党号召全体西班牙人民团结起来，与叛军斗争到底。成千上万痛恨封建君主制度和法西斯主义的人参加到这场保卫马德里的战争中。虽然他们没有先进的武器，只有旧式步枪、猎枪、手枪、刀、手榴弹等，但共和军正因为有他们的参与而充满着生机。

不久，佛朗哥向马德里发动了第一次进攻。“决不让法西斯在马德里前进一步！”西班牙军民高喊着斗志昂扬的战斗口号，守卫在马德里的各大要塞。在共和国军民的奋勇反击下，佛朗哥叛军的第一次进攻被打败了。

1937 年 1 月，佛朗哥对马德里发动了第二次进攻，再一次遭到了西班牙军民的有力回击，一次又一次的冲锋被打退，马德里依旧安然屹立。2 月 6 日，不甘心失败的佛朗哥对马德里又发动了第三次进攻，但依然没有多大进展。

正当佛朗哥濒临失败之际，意大利、德国法西斯对西班牙进行了公开的武装干涉，它们派出大量运输机帮助运送叛军，还运输坦克、飞机等武器支援叛军，甚至还派出正规军直接进攻马德里。

3 月 8 日，佛朗哥和德、意干涉军的 4 个纵队对马德里发动了第四次进攻。但是，由于西班牙军民的顽强抵抗，德、意法西斯和佛朗哥的阴谋还是没能得逞。

马德里保卫战得到了世界各国进步力量的支援。来自苏联、中国、法国、意大利等 54 个国家的志愿者组成了国际纵队，与西班牙军民一起投入到反法西斯的战斗中。

1939 年 2 月 27 日，表面上保持沉默的英、法等国宣布承认佛朗哥政权，并与西班牙共和国断绝外交关系，这无疑是支持法西斯的表现，于是，德、意法西斯对西班牙内战的干涉更加猖獗了。

3 月 5 日，人民阵线中的右翼投降分子在德、意法西斯的配合和马德里市内间谍分子的策划下发动政变，共和国军队开始瓦解。3 月 28 日，由于内奸的出卖，马德里失陷，共和国政府被颠覆。此后，西班牙建立起了以佛朗哥为首的法西斯政权。

## 轴心国的形成

第一次世界大战后，帝国主义国家按国力的强弱重新划分了势力范围。在这次划分中，英、美、法是最大的受益者，这当然会招来德、意、日等国的不满。德、意、日等国都有着很强的军国主义和扩张主义的历史传统，尤其是战后刚刚崛起的日本，野心勃勃地想占领整个东南亚，而美国却强行加以干涉，于是，这三国都妄想着有一天能重新瓜分世界。

在战后的巴黎和会上，作为战败国，德国的殖民地全部被瓜分，武装被解除，军备得到了限制，本国的领土也被划出一部分归国际联盟代管。在魏玛共和国时，这些还暂时可以容忍，而对于野心极大的希特勒来说，这些都是绝对不能忍受的。

希特勒上台执政后，一直把称雄世界作为自己的目标，为此，他还制订了一份计划：先占领东欧、中欧等有日耳曼人居住的欧洲大陆，然后向海洋发展，战胜英、美……最后夺取世界霸权。

德国纳粹士兵在列队行进。

强大的舆论工具和谎言，使得法西斯主义在德国迅速蔓延开来，图为纳粹高官们正向人群挥手致意，而最后端的便是希特勒的得力助手——新闻部长戈培尔。

为了消除美、英等国对德国的防范，希特勒极力主张反共，尤其是苏联。1933年10月，希特勒以“苏联威胁”，德国军备不足难以防御为借口，先后退出了裁军会议和国际联盟。两年后，希特勒宣布实行义务兵役制，重建空军。在疯狂扩军的同时，希特勒一再向英、美等国保证，德国只是出于对自身的安全考虑，绝对不会威胁到除苏联以外的其他国家。

英、美等国其实早已经看出了希特勒的野心，但出于遏制苏联的考虑，还是睁一只眼闭一只眼任其发展。

1936年3月，希特勒宣布不再遵守《凡尔赛条约》的各项条款，随后，又出兵占领了战后被分出去的莱茵非工业区。见这些行动并没有引起英、美等国的注意，希特勒的胆子越来越大了。在进行军事备战的同时，希特勒开始寻找“志同道合”的战友。

此时的日本在亚洲也是“踌躇满志”。自1931年把中国东北纳为殖民地后，一直想占领中国全土。日本的这种行为与英、美等国在华利益产生了矛盾。日本是亚洲的一个小国，虽然自明治维新后得到了迅猛发展，但单以自身的力量很难与强大的英、美等国抗衡，而此时的唯一出路就是寻找同盟者。于是，德、日两国开始频繁接触。

1936年12月，德、日两国的代表就反共问题达成了一致意见，并签订了《德日关于反共产国际协定》。在与日本结成联盟后，德、意关系也得到了调节：德国扩大对意大利的出口，支持意大利向非洲扩张；意大利在中欧、巴尔干和多瑙河流域不再与德国争夺，等等。1936年10月，德、意两国签订议定书。12月，意大利又与日本签订了议定书。次年11月，意大利加入了《反共产国际协定》。

此时，德、意、日三国的关系只建立在《反共产国际协定》的基础上，这还远远不够。要发动世界性的战争，还必须进一步加强三国之间的关系。

当意大利侵占巴尔干的阿尔巴尼亚时，与英法两国发生了冲突，意大利急需德国的支持，于是，德、意两国于1939年5月22日在柏林签订了《德意钢铁同盟》。按希特勒的计划，德军西线向法、英两国进攻，东线则向苏联进军，但这种计划却很容易造成两线受敌，致使兵力分散。如果稍有不慎，可能会损失殆尽。于是，德国需要意大利和日本从东西两方面对敌国进行牵制，而意大利和日本也同样需要德国对己方的敌国进行牵制。1940年9月，德、意、日在柏林签订了《三国同盟条约》，这一条约的期限为10年。至此，以柏林、罗马、东京为轴心的三国同盟正式形成。

## 慕尼黑阴谋

1938年初，希特勒吞并了奥地利以后，把侵略矛头指向了捷克斯洛伐克。希特勒的计划是，先占领德捷边境的苏台德区，然后再吞并整个捷克斯洛伐克。一旦德军占领了捷克斯洛伐克，欧洲的大门就等于敞开了——向东既可以进攻苏联，向西又可以进攻英、法。

1938年9月，英、法、德、意在慕尼黑举行会议，签订阴谋瓜分捷克斯洛伐克的《慕尼黑协定》，图为希特勒（左二）与张伯伦（左一）在一起。

苏台德区虽然属捷克领土，但却居住着250万日耳曼人。希特勒上台后，极力鼓吹日耳曼人是优等民族，并拉拢苏台德地区的日耳曼人，通过他的代理人、被称为“小希特勒”的汉莱因组织了一个苏台德日耳曼人党。在希特勒的授意下，汉莱因在捷克斯洛伐克不断制造事端，要求苏台德区“自治”，以摆脱捷克斯洛伐克的统治，其实，希特勒是想以这种方式把苏台德区并入德国。捷克斯洛伐克政府早已经看出了希特勒的诡计，断然拒绝了汉莱因要求“自治”的要求。希特勒大肆叫嚣要对捷克发动战争，并向边境调集军队。

英、法两国一直对社会主义国家苏联的建立耿耿于怀。当看到德国法西斯壮大起来后，它们一直希望把德国这股祸水引向苏联。当开始注意到德国明目张胆地侵略它们的盟国捷克斯洛伐克时，感到非常不安。一旦德国侵略捷克，根据英、法与捷克订定的盟约，英、法也必须对德宣战。法国首相达拉第是个害怕战争的人，当德军集结在德捷边境时，达拉第就打电话给英国首相张伯伦，让张伯伦马上去与希特勒谈判，以“尽可能得取得最好的效果”。其实，张伯伦也不希望爆发战争，于是，他冒雨赶到慕尼黑。

希特勒与张伯伦谈判时，希特勒口若悬河，根本不给张伯伦插话的机会。

“依德军的能力是绝对能拿下苏台德区的，但考虑到邻国的感受，我们才迟迟没有动手，谁知捷克政府反倒认为我们不敢发动战争。本来我们只是支持苏台德区自治，现在看来已不只是自治的问题，而是把这一地区割让给德国的问题了，不知首相大人有没有决定权，捷克政府是否已答应把苏台德区割让给德国呢？”

希特勒的这个问题并没有出乎张伯伦的意料。在来慕尼黑之前，达拉第早就向他表达了法国的意思——同意牺牲捷克利益来换取法国的安宁。

“我个人的意思是同意苏台德区脱离捷克，但这还需要回国后做进一步的商议，我相信我的同事们也会支持我的想法的。”张伯伦回答道。

9 月 22 日，张伯伦带着装有英法两国方案的公文包再一次来到了慕尼黑，他向希特勒转交了捷克政府签订的把苏台德区割让给德国的协议。这次的谈判出乎张伯伦的意料，希特勒已不再满足获得一个苏台德区。

“由于形势的发展，苏台德区对我来说已经没有多大用处了，我希望每一个说德语的国家都能回归德国。”

张伯伦顿时慌了手脚，但看到希特勒一副高高在上的样子，知道自己再怎么哀求也无济于事，于是只好返回英国。

9 月 29 日，张伯伦第三次来到慕尼黑，参加英、法、德、意 4 国会谈。当天夜里，张伯伦、达拉第、希特勒、墨索里尼在慕尼黑的“元首宫”里举行会谈。4国于第二天凌晨签订了《慕尼黑协定》，根据协定，捷克斯洛伐克必须在从10月1日开始的10天内，把苏台德区及其附属的一切设备无偿交给德国。

在签订《慕尼黑协定》之后，张伯伦又同希特勒签订了《英德声明》，宣布彼此不进行战争，要共同维护世界和平。正是英法两国这种姑息养奸的绥靖政策使得法西斯的贪欲越来越强，从侧面加速了第二次世界大战的爆发。

## 闪击波兰

作为欧洲交通枢纽的波兰，一直以来，法西斯德国对其垂涎三尺，因为占领波兰，不但能获得大量的军事经济资源，还能消除进攻英、法的后顾之忧，并建立起袭击苏联的基地。这对于法西斯德国来说，实际是在战略地位上得到了改善。于是，在吞并奥地利和捷克斯洛伐克后，德国便把波兰定为下一步的侵略目标。

1939年10月，德军攻陷波兰，图为希特勒正在检阅通过华沙街道的军队。

1939年3月21日，德国先向波兰提出了一系列无理要求——把但泽“归还”给德国，并将在“波兰走廊”建筑公路、铁路的权利也转让给德国，这遭到了波兰政府的拒绝。与此同时，英、法两国表态支持波兰，波兰态度更加坚决。见此情形，1939年4月3日，希特勒命令德国部队于9月1日前完成对波兰作战的准备工作。希特勒在代号为“白色方案”的秘密指令中强调:“一切努力和准备工作，必须集中于发动巨大的突然袭击。”

为了赢得德国民众的支持，在闪击波兰前，希特勒政府先在报纸、广播大肆鼓噪，为德国侵略波兰制造借口：波兰扰乱了欧洲和平，以武装入侵威胁德国。《柏林日报》的大字标题警告《当心波兰！》《领袖日报》的标题:《华沙扬言将轰炸但泽——极端疯狂的波兰人发动了令人难以置信的挑衅！》，甚至《波兰军队推进到德国边境！》《波兰全境处于战争狂热中！》等惊人的头条特大通栏标题出现在德国各大报纸上，给公众造成波兰即将进攻德国的错觉。

为了闪击成功，德国还做了另一项准备，即于8月23日与苏联签订了《苏德互不侵犯条约》，并达成了共同瓜分波兰的秘密议定书。希特勒此举目的非常明显，位于欧洲中部的德国是万不敢同时在东线和西线展开军事打击的。

一切准备停当，再无后顾之忧，希特勒下令于26日凌晨4时30分对波兰发起攻击。但在，前一天夜里希特勒又取消了攻击令，原来英、波两国于25日正式签订了互助协定，而意大利拒绝站在德国一边参加战争。希特勒之所以收回进攻令，是要对局势进行重新考虑。

想不出什么好对策的希特勒决心破釜沉舟，于8月31日下达了“第一号作战指令”，命令德军于9月1日凌晨发起攻击。

1939年8月31日晚，希特勒派遣一支身穿波兰军装的德国党卫军，冒充波军，袭击了德国边境的格莱维茨电台，在广播里用波兰语辱骂德国，并丢下几具穿波兰军服、实际上是德国囚犯的尸体。接着，全德各电台都广播了“德国遭到了波兰突然袭击”的消息。

1939年9月1日凌晨4时45分，德军轰炸机群向波兰境内飞去，波兰的部队、军火库、机场、铁路、公路和桥梁立即遭到毁灭性的打击。几分钟后，德陆军万炮齐鸣，炮弹呼啸着穿过德波边境倾泻到波军阵地上。1小时后，德军地面部队发起了全线进攻，从北、西、西南三面一起向波军开进。与此同时，在但泽港外的德国战舰“霍尔斯坦”号撕去友好访问的伪装也向波军基地开炮。

对于德国的闪击，波军基本上没什么准备，部队陷入一片混乱。德军趁势以装甲部队和摩托化部队为前导，很快从几个主要地段突破了波军防线。上午10时，希特勒兴奋地向国会宣布，帝国军队已攻入波兰。

而此时的波军统帅部却表现出了过分的自信，他们一方面认为自己有足够的实力对抗德国，一方面认为在关键时刻肯定会得到英、法的援助，于是，便把部队全部部署在德波边境。这样的部署毫无进退伸缩的弹性，使波军在德军高速度大纵深的推进下不是被歼灭就是被分割包围，成了德军后面的孤军。波军统帅预先设计的只要坚决抵抗就能取得胜利的梦想被德军打碎了。

其实，此时德国的西线也存在着致命弱点，在那里他们只有23个师的兵力，而在西线马其诺防线背后的英、法联军却有110个师。可惜的是，英、法两国在盟国受到侵袭的时候，竟然宣而不战，致使波军完全陷入了被动挨打的境地。英国军事史家富勒曾就此著文写道:“当波兰正被消灭之时，西线也正发生了一场令人惊奇的冲突。它很快就被称为‘奇怪的战争’，而更好的名称是‘静坐战’。”

1个月后即10月5日，拥有3400万人口、30.9万平方千米的波兰便被彻底击败了。波兰上空的滚滚硝烟，揭开了第二次世界大战的序幕。

## 法国沦陷

1939年9月1日，在希特勒的策划下，德军以闪电般的速度占领了邻国波兰。波兰被德国占领后，英、法根据法波盟约和英法互助条约，宣布对德宣战，但英、法两国并没有采取任何实际行动，这种纵容使德国更加肆无忌惮起来。

1940年6月14日，巴黎失陷，德国纳粹几乎没有发过一枪一弹。图为德军在击鼓声中列队走过凯旋门。

在法德边境，有一条马其诺防线，这条防线长达200千米，可以称为现代化防御工事，如果法军充分利用这道防线，第二次世界大战的历史说不定会改写。但是，当德军入侵波兰时，法军却躲在防线后按兵不动。

1940年，德军向中立的比利时、荷兰、卢森堡进军，西线战争正式打响。

1940 年 5 月，德国突破马其诺防线，向法国发动猛攻。一心等待希特勒向东进攻苏联的英法联军没有料到德国率先把矛头指向自己，遂在毫无准备的情况下仓促后撤。

看到溃不成军的英法联军，希特勒命令德军摧毁法国临时布置的索姆河防线，直捣巴黎，5 月 14 日，德军未发一弹便占领了巴黎，随后向法国内陆挺进。10 日，意大利军队从南方也进入法国，并于 15 日占领凡尔登。16 日，卖国贼贝当组成新内阁，新政府不但没有组织军队抵抗德、意军队，反而准备向德意军队投降。这时，法国国防部副部长戴高乐看到贝当政府已无心抵抗，遂毅然乘飞机飞往伦敦。

戴高乐到达伦敦以后，在英国首相丘吉尔的支持下，于 6 月 18 日在英国广播电台向法国人民发表了具有历史意义的广播讲话。

“勇敢的法国人民，虽然法西斯已经占领了我们的大片土地，并有可能占领法国全境，但是，他们并没有取得最后胜利。”

“我对法国的胜利充满信心，你们也应该和我一样，相信法国一定会转败为胜。而且，不列颠英国将会永远与我们并肩作战……”

戴高乐将军的讲话通过电波传遍了法兰西的每一个角落，法国人民备受鼓舞，有一群学生甚至打着两根渔竿列队在凯旋门集会，表示他们对戴高乐号召的热烈拥护和响应。

但是，虽然法国人民做着抗敌的一切准备，贝当政府还是于 6 月 22 日正式与德国签订了投降书，贝当政府同意把法国北部及沿大西洋海岸由德国占领，法国首都由巴黎迁往维希。

贝当政府的这种投降行为遭到了戴高乐的严厉斥责。为了与贝当政府划清界限，戴高乐正式宣布成立“自由法国运动”。对于戴高乐的这种“分裂祖国”的行径，贝当政府和德国希特勒政府恨之入骨。不久，贝当的军事法庭对戴高乐进行了缺席审判，在德国当局的坚持下，戴高乐被判处死刑。

戴高乐并不理会贝当政府对自己的审判，继续以顽强的毅力宣传“自由法国运动”。戴高乐并不是孤立的，自从他发表广播讲话后，已经有数百人从法国来到英国，参加到“自由法国”的旗帜之下。到7月底，已经有7000人志愿拿起武器为“自由法国”而战。

7月21日，戴高乐组织首批“自由法国”飞行员参加了对鲁尔区的轰炸，由于将士们斗志昂扬，这次轰炸取得了胜利。随后，戴高乐又在非洲建立了一个作战基地和一个精干的行政机构，并且开始出版“自由法国”的报纸。

1941年9月，戴高乐正式成立“自由法国”的政府机构——法兰西民族委员会，很快，这个组织便得到了英、苏等大国的承认。不久，“法兰西民族解放委员会”成立，戴高乐任主席。1944年6月，“法兰西民族解放委员会”改为法兰西共和国临时政府。之后，戴高乐带领部队随英美军队返回法国与德军作战，并迅速解放了大片国土。8月25日，巴黎解放。临时政府成立后，戴高乐任总理兼国防部长。戴高乐以其顽强的毅力和极大的热情，为反法西斯侵略和法兰西民族独立做出了杰出贡献。

## 不列颠之战

德国闪击西欧，法国投降后，整个西欧海岸线都被德国所控制，英国不列颠群岛陷入德军三面包围的境地。但包括希特勒在内的德国人都把对法国的胜利作为战争的结束，希特勒认为，如果打败英国，其殖民地将会落入美、日和苏联手中，而对德不利，为对付苏联应避免两面作战，希特勒提出愿与英国在瓜分世界的基础上和谈，得到美国支援承诺的英国首相丘吉尔断然拒绝。于是，诱和未遂的希特勒准备武力侵入不列颠。

1940 年 7 月 16 日，希特勒发出对英登陆的“海狮作战”计划的训令。该计划以奇袭为基础，准备用 39 个师的兵力，在不列颠的拉姆斯盖特登陆，抵达怀特岛。其中 13 个师作为第一批登陆部队，并在海峡港口集结大量的各种船只，一切准备要求于 8 月中旬完成。

德空军集结 2400 架战机，欲对英伦进行大规模空袭。德军一方面想从精神和意志上摧毁英国，迫使其接受和谈，另一方面为“海狮作战”的海军渡海夺取制空权，为登陆创造有利条件。

7 月 10 日，德军开始了对英护航船队和波特兰、多佛尔等港口、军港进行空袭，

**纳粹德国的空军**

从 8 月 13 日到 9 月 6 日，德国空军大规模地轰炸英军机场、雷达站、飞机工厂和补给设施。从 8 月 24 日起，德军每天出动 1000 多架次飞机，战事进入了决定性的阶段。

以引诱英战机出战，从而查明英空军的部署、防空能力及检验自身的突防能力。德国空军在形势上处于不利地位，他们必须在海上和英国领空上作战。而英空军可以获得地面高射炮的支援，英军的喷火式飞机爬升速度要快于德战斗机，并且以防御战为主的英军还有雷达网的引导。更重要的是，英军掌握了德军无线情报的破译密码，使得德国多数战略情报被英所掌握。

8月13日，德军480余架战机升空，开始对英国雷达站等军事目标进行轰炸。15日又出动1780架飞机，使英军一些军事基地和飞机制造厂遭到摧毁。英军统帅道丁公爵也迅速命令7个“喷火式”和“旋风式”战斗机中队升空迎敌。在雷达的准确制导下，他们在德国机群中进行有效的穿插分割，将德军机群分割成若干小队，利用飞机速度快的优势实施各个击破，这是双方第一次大规模空战。德军付出了75架飞机的代价，英机只损失34架。德军“空中闪击战”一开始就未奏效。

8月24日至9月6日，德空军不分昼夜，每日出动千余架次飞机，对英西南部的机场及海峡商船进行高强度空袭，虽然德机被击落380架，但英机也损失186架。

9月7日，希特勒为了报复8月25日到26日夜袭柏林的英国，开始了对伦敦的狂轰滥炸，企图瓦解英国人民的斗志，动摇民心。但这给了英空军以喘息之机，英军以战斗机、高射炮、雷达、探照灯和拦阻气球组成完备的防空系统。虽说大规模的轰炸使伦敦多处起火、王宫中弹、居民伤亡惨重，但在9月15日，英军抢占先机，德机还没有进入伦敦上空，就遭到数百架英战斗机的截击。英战斗机猛冲德轰炸机，失去保护的德轰炸机除少数逃跑外，其余均被击落。英战机转而围攻德战机，勇猛的英机使德战机招架不住，转头而逃。英战机紧追不放，又击落了多架德军战机。这时，英国轰炸机开始行动，对德国集结在海峡对岸的舰队、地面部队、港口码头进行了猛烈轰炸。德国损失惨重，共损失 185 架飞机，而英军仅损失 26 架。

德军不但未击败英国空军，反而使英空军活动更频繁。希特勒感到无法取胜，被迫下令不定期推迟实施“海狮作战”计划，最终“海狮作战”计划不了了之。

不列颠空袭和反空袭之战中，德军共损失飞机 1733 架，英损失 915 架，双方飞行员损失约为 6 ∶ 1。空战受阻后，希特勒开始对英国实施封锁。

这场空战是第二次世界大战史上历时最长、规模最大的空战，它使希特勒的侵略计划第一次未能得逞，为国际反法西斯同盟鼓舞了士气。这场空战也是人类战争史上首次空战，它揭开了人类战争史上新的一页，同时也证明了大规模空袭，夺取制空权在战争中的重要性及防空的战略意义。

## “巴巴罗莎”计划

1940 年 12 月，希特勒秘密地制订了一份代号为“巴巴罗莎”的进攻苏联的作战计划。“巴巴罗莎”是神圣罗马帝国皇帝腓特烈一世的绰号，意为“红胡子”。腓特烈一世曾 6 次侵入意大利，希特勒把进攻苏联的这一计划起名为“巴巴罗莎”，就是想效仿腓特烈一世，妄图以闪电战的方式击溃苏联。

1939 年 8 月莫斯科，苏德签订《互不侵犯条约》，图为斯大林（右二）与德国外长冯·里宾特洛甫（右三）在条约签订仪式上。

“巴巴罗莎”计划于 1941 年 6 月 22 日执行。当5月下旬，德军向德苏边境调集了大批兵力时，苏联方面就已经料到了德军的攻击对象可能轮到自己了。但是，为了麻痹苏联，德军散布谣言，把德军的东移说是为了进攻英国，甚至还故意制定了代号为“鲨鱼”和“鱼叉”的在英国登陆的作战计划。当时苏联情报局一直认为德国和苏联一样，始终遵守着《苏德互不侵犯条约》，连当时的苏联最高领导人斯大林也对德国表现出来的假友好深信不疑，一直到苏德战争爆发的前一晚，斯大林还在命令苏联红军在没有接到特殊命令之前不得采取任何其他措施。

6 月 21 日，希特勒来到东普鲁士拉斯登堡附近的指挥所里。

“报告长官，苏联阵地上没有任何异常情况，看来他们一点准备都没有。我军将士正集结待命。”一名军官向希特勒报告。

“很好，明天一开炮，苏联方面会有什么反应呢？相信不只苏联人，全世界人都会大惊失色吧。”紧接着，希特勒一阵狂笑。

苏联方面，也早有哨兵向统帅部报告了军情。

“德军方面发动机的声音突然增高了，德军还砍去了布列斯特西北边境上自己设置的铁丝网……”

但是，以斯大林为首的苏联领导人对德国法西斯的整个战略方针和部署依然估计不足，缺乏足够的认识，他们认为希特勒只不过是想以这种手段迫使苏联主动破坏互不侵犯条约，以寻找进攻苏联的借口，所以并没有命令前线部队进入全面战斗准备。

6月22日凌晨，炮弹声划破夜空，2000多架德军轰炸机飞向东方，苏联大地上尘土飞扬，炮声隆隆，苏联边防顿时陷入一片混乱。

“以前我们习惯用明码拍电报，现在不是早禁止了吗？为什么不用密码？”一位远在莫斯科的长官正训斥着前线拍电报的士兵。

“长官，德军已经登上我们的领土了，成千上万的士兵已经被德军的大炮炸死，这已经不是什么秘密了。前线的将士们正集结待命呢，您快下达反击的命令吧。”

“不许我方的大炮开火，这就是命令。”

虽然前线的苏军一个个摩拳擦掌，但没有莫斯科的命令，他们只能坐以待毙。就这样，苏军从一开始就陷入了被动。

到22日中午为止，德军坦克已深入苏联境内50多千米。傍晚时分，莫斯科才对苏联面临的形势做了认真分析。

“莫斯科命令，我方陆军、空军火速向德军开火。”

莫斯科下达反击命令时，苏联空军已基本上没有执行命令的能力了。面对强大的德国空军，虽然苏军在中将科佩兹将军的率领下奋起回击，但还是损失了1200余架飞机，其中的800多架飞机是尚未起飞就被击毁的。

“巴巴罗莎”计划的初步胜利使希特勒欣喜若狂，希特勒忙命令德军执行下一步计划：北路攻打苏联波罗的海沿岸和列宁格勒，中路攻打莫斯科，南路攻打乌克兰。希特勒扬言，要在一个半月或两个月的时间里攻下苏联，在冬季之前结束战争。但是，希特勒的希望很快就落空了。

1941 年 7 月 3 日，斯大林向全苏联人民发表了“为了祖国自由而战”的广播演说，全苏联人民积极响应斯大林的号召，纷纷举起手中的武器，投入到了反法西斯的卫国战争中去。

## 偷袭珍珠港

1941 年 12 月 7 日凌晨，北太平洋上波涛汹涌，一支庞大的舰队向南飞速驶去，溅起的浪花飞落到船头的甲板上。这支舰队里有 6 艘航空母舰和 14 艘战舰，当这一舰队接近美国在太平洋上的海军基地珍珠港时，航空母舰上的数艘飞机带着巨型炸弹腾空而起，先是紧贴海面飞行，然后冲入港内，炸弹和鱼雷立即倾泻下来，对排列在港内的美太平洋舰队进行轰炸。

这一幕正是日本军国主义对珍珠港发动的偷袭，这次偷袭标志着太平洋战争拉开了序幕。

日本海军偷袭珍珠港。

对珍珠港的偷袭是日本军国主义策划已久的事。早在苏德战争爆发后，日本内阁就认为建立“大东亚共荣圈”的时机已到，于是加紧了对东亚各国的侵略。日本咄咄逼人的攻势，直接威胁到美国在太平洋的利益。从 1941 年夏天开始，美、英等国联合对日本实行了石油禁运，即不再供给日本石油及其他原料。日本是一个岛国，资源紧缺，对于美英两国的这一做法，日本暂时选择了妥协，与美国举行谈判，但是谈判并没有达成协议。

日本贮备的石油一天比一天少，如果真的没有了石油，别说是建立“大东亚共荣圈”，恐怕连走出本土都相当困难。为此，日本“御前会议”决定暂时停止攻打苏联，而把占领印度支那和南洋诸国作为主要目标，以夺取石油资源。

为了扫清南进道路上的障碍，日本天皇授意日本联合舰队司令山本五十六，秘密制订远渡重洋偷袭珍珠港的计划，南云中将则是这一任务的指挥者。

在偷袭珍珠港之前，日本大使来栖三郎到美国继续与美方谈判，鼓吹“要以最大的努力来防止不幸的战争”，借以掩盖日本南进的意图。对于日本军国主义者的意图，美国总统罗斯福仍以为印度支那和东南亚是其主攻对象，并没有料到日本会把矛头首先指向珍珠港。美、日这种“和平”谈判一直持续到偷袭珍珠港的第一发炮弹爆炸之前。

11 月 26 日，日本舰队沿着寒冷多雾的北方航线隐蔽前进，在海上秘密航行了 12 天，居然没有被发现。在距珍珠港以北 230 海里处，舰队停了下来。12 月 2 日，南云中将接到了山本五十六的密电：按原定计划袭击珍珠港。于是，便出现了前面惊天动地的那一幕。

12 月 7 日是个星期天，美国人在这一天有做礼拜的习惯。美

罗斯福总统于珍珠港事件翌日，宣布对日作战。

国军舰像往常一样平静，整齐地泊在港内，飞机也密密麻麻地排在瓦胡岛的飞机场上。一部分士兵正在吃早饭，一部分则上岸度假去了，珍珠港沉浸在一片平静的假日气氛之中。

“快看，那里有两架飞机。”一个哨兵发现雷达屏上出现了异常，慌忙向上级长官报告。

“别大惊小怪了，那是我们自己的飞机，你们对此还不熟悉吗？”一位军官把这个新来的哨兵嘲笑了一番，然后接着开始欣赏收音机里的音乐。

港内的其他美国士兵，甚至美军司令部也没有意识到这是一场真实的战争，而以为是一次特殊的演习。就这样，日本的轰炸机从美军眼皮底下溜进了珍珠港。

突然间，随着一阵飞机的轰鸣声，炸弹从天而降。直到发现自己的舰只起火，美国太平洋舰队司令部才发出备战的特急电报。但是，什么准备都来不及了，刹那间，珍珠港成了一片火海，港内升起一道道的冲天水柱。几分钟内，希凯姆机场、惠列尔机场、埃瓦机场和卡内欧黑机场已被炸得一片狼藉，几百架美机在起飞之前就被击毁。

偷袭持续了 95 分钟，美军损失了约 40 多艘舰艇、300 多架飞机，另外还有3500多人死亡。美国太平洋舰队除航空母舰出港外，几乎全军覆灭。

日本偷袭珍珠港的第二天，美国宣布对日本处于战争状态，太平洋战争全面爆发。

## 世界反法西斯同盟建立

第一次世界大战结束后，严重的经济危机席卷了整个资本主义社会。借着这一契机，法西斯头子希特勒和墨索里尼分别在德、意上台掌政，日本则建立起天皇制军事法西斯专政。法西斯独裁者对内实行独裁统治，对外扩张侵略，以谋取世界霸权。基于相同的目的与需求，德、日、意在侵略扩张的同时相互勾结，结成了法西斯轴心国同盟。

1939年9月，德国进攻波兰，第二次世界大战爆发，英、法不得不对德宣战。半年后，法国沦陷，在德军的强大攻势下，英法联军只能退守英伦三岛，英、法两国终于尝到了绥靖政策带来的苦果。

1941年6月，德国终于像英、美期待的那样大举进攻苏联，使苏联成为世界反法西斯战争的主要战场。苏德战争的突然爆发并没有使英国首相丘吉尔如释重负，虽然此前他曾一度希望德国能尽快把侵略矛头指向苏联，但此时他感到的竟是无形的恐惧。经过反复的思考之后，丘吉尔发表了慷慨激昂的广播演说："过去25年来，没有谁比我更彻底地反对共产主义……进攻苏联，只不过是企图进攻不列颠诸岛的前奏。因此，苏联的危难就是我们的危难，也是美国的危难。”与丘吉尔的反应一样，当德军入侵苏联的消息传到美国时，身患重病的国务卿赫尔向美国政府建议，全力以赴支援苏联。美国政府同时发表声明，指出：“今天的希特勒军队是美洲大陆的主要危险……”6月24日，美国总统罗斯福在举行的记者招待会上宣布美国将尽力援助苏联。至此，美、英等国才放弃了先前的绥靖政策与中立政策，并改变了对社会主义苏联的态度。

此时的苏联也正希望得到英、美的援助。1941年7月12日，苏联和英国在莫斯科签署了《苏英对德作战联合行动协定》。双方保证，彼此给予各种援助和支持，不单独同敌国谈判和媾和。紧接着，两国又签订了《贸易、贷款和支付协定》，英国在协定中同意给予苏联1000万英镑的贷款。苏联在与英国改善关系的同时，也加强了与美国的接触。

烧焦的哥特式塔尖耸立在英国城市考文垂，德国发动的不列颠之战，使英国人民蒙受了巨大痛苦。

8月10日，大西洋纽芬兰的阿金夏港笼罩在一股严肃的气氛之中。原来，美国总统罗斯福与英国首相丘吉尔正在这里举行战时会晤，以商讨国际形势及联合反对德国法西斯的政策。4天后，《大西洋宪章》的发表成为英美两国政治联盟的标志。

为了进一步确定反法西斯政策，9月29日，苏、美、英三国代表在莫斯科召开会议。在这次会议上，三国签署了一个议定书。议定书规定：从1941年10月1日到1942年6月30日，英、美每月向苏联提供400架飞机、500辆坦克及其他武器、物资，苏联则向英美提供原料。莫斯科会议标志着苏、美、英三国反法西斯联盟的初步确立。

太平洋战争爆发后，美国对日本宣战，德、美之间也相互宣战，美国正式加入第二次世界大战。不久，英、澳、荷、加、波等国也相继对日本宣战。至此，世界主要国家都被卷到战争旋涡中来。

随着德、意、日法西斯的不断扩张，国际反法西斯同盟也进一步得到壮大和发展。

1942年1月1日，华盛顿热闹非凡，这里聚集着美、苏、英、中等26个国家代表。虽然各国代表都维护本国的利益，但在对待德、意、日法西斯的问题上却是意见一致。经过磋商，26国代表共同签署了一项《联合国家宣言》，宣言规定，各签字国家相互合作，不准与法西斯各轴心国议和和单独交涉，并保证运用军事和经济的全部资源同与之处于战争状态的轴心国及其仆从国家作战。《联合国家宣言》的发表，标志着国际反法西斯联盟的正式确立，并为以后联合国的建立奠定了基础。

## 斯大林格勒保卫战

第二次世界大战中，德军在莫斯科战役中遭到惨败，被迫放弃了全面攻势。德军在各地战场面积的扩大和大规模的战役，使石油的补给量成为制约其战争进程的严重问题。若没有新的石油补给，战争将难以继续，希特勒遂决定获取苏联高加索油田。德军统帅部趁欧洲尚未开辟第二战场的有利时机，继续增强东线苏联境内的军事力量。1942年夏季，改为在南线实施重点进攻，企图迅速占领石油资源丰富的高加索和粮食充足的斯大林格勒。

1942年7月17日，德军精锐部队第6集团军27万人在鲍罗斯将军的指挥下，向斯大林格勒进逼。

斯大林格勒位于伏尔加河下游西岸，是连接苏联欧洲部分南北水陆的交通枢纽，也是重要的军事工业基地。该城一旦失守，将会切断莫斯科和高加索地区的联系，进而威胁到巴库的石油和库班的粮食产地。还可北上迂回莫斯科，南下切断英、美支援苏军的供给线，并染指中东和印度洋，打通日、德联系通道，它的得失将会影响到整个战局。因此，苏联决定死守该城，并在奇尔河、齐姆拉河一线布置了强大的防御部队，迟滞德军的推进速度。

7月24日，德军接近斯大林格勒西面的顿河河岸大弯曲部，并企图对苏军进行两翼突击合围，进而从近道直逼该城。但是由于燃料和弹药的缺乏，以及第4装甲军团调往高加索战场，进攻斯大林格勒的德军只能停在卡拉赤正面的顿河岸上。30日，希特勒开始调集部队增援鲍罗斯，第4装甲军团又被调回，从西南向斯大林格勒进攻。8月3日，攻占了科特尼可夫，9日，德军遭到苏军的激烈抵抗而被迫转入防御。这时鲍罗斯在苏军的顽强阻击中攻占了顿河上的一个据点，并占领卡拉赤。23日，占领了斯大林格勒城北面近郊，计划从北面沿伏尔加河实施突击作战，夺取该城。他派出2000架次

斯大林格勒巷战场面

飞机昼夜对城区进行狂轰滥炸，使整个城市变成一片火海。苏空军及防御兵也对德军进行激烈反击，击落敌机 120 架。苏统帅部急调预备部队对德军实施侧翼反击。德军继续增加兵力，9 月底，德军已达 80 多个师，进攻苏联的主力都转移到斯大林格勒会战之中。

9 月 15 日，德军全面进攻斯大林格勒。在飞机、大炮及装甲坦克的配合下，德军于 23 日突入城市中心，勇敢的苏军与敌人展开了巷战。一座房子，一条街道，常常是几经易手。日以继夜的激战使斯大林格勒变成了第二个凡尔登。希特勒命令变换战术，用炮火和飞机把该城变为废墟。直到 11 月 12 日，德军从该城的南部冲过伏尔加河，却付出了 70 万人的惨重代价。迅速攻占该城的企图及整个战局计划被打破，苏军的疲惫消耗战为统帅部组织反击争取了时间。

9 月份，两军鏖战正激之时，苏军朱可夫元帅开始组织策划反击，并隐蔽调集 110 万兵力集中在顿河以北的森林中，准备伺机大反攻。朱可夫兵分两路，一路以德中央集团军群为目标，以阻止其向顿河战线增援；一路则与斯大林格勒以南的攻击配合，从北面攻击德军。

11月19日，苏军反攻开始，南北两侧强大的钳形进攻包围了德军第6军团等30万人，并一举攻占了德军交通瓶颈罗斯托夫。鲍罗斯的处境艰难，储备物资早已枯竭，补给也基本中断。为解救被围德军，希特勒将全部预备部队投向斯大林格勒，但苏军的顽强阻击使解围计划破产。12月21日，欲突围的鲍罗斯却因燃料不足而无法实施机动，希特勒仍下令死守斯大林格勒。

1943年1月底，德军在顿河上的全部正面军被苏军击溃。包围圈越缩越小，苏军南北对进，将德军分割成多个孤立的集团。31日，德军开始整团整师地陆续投降。2月2日，包括鲍罗斯在内的24位将官、2000名校级以下军官和9万残存士兵全部投降，斯大林格勒保卫战结束。

这次会战为苏德战争乃至整个第二次世界大战的根本转折，苏军从德军手中夺取了战略主动权，转入战略进攻，极大地鼓舞了世界反法西斯同盟。

## 中途岛海战

“报告长官，我们截获了一份日军密码电报，据破解，日本的水上飞机可能要到中途岛上加油。”译电员向美国海军司令部报告。

美国太平洋舰队司令尼米兹是在日本偷袭珍珠港之后临危受命的，他托着腮思索片刻：“我们最好能将计就计，设下陷阱，让日本海军自投罗网。”

中途岛位于太平洋中部，是北美和亚洲之间的海上和空中交通要道。在日本偷袭珍珠港后不久，日本就利用海、空军优势，向美、英、荷在东南亚和西南太平洋的属地发动猛烈攻势，控制了东起中途岛、西至太平洋、南起澳大利亚、北至阿留申岛的广大地区。

但是，在珍珠港一战中幸免被歼的美国航空母舰的存在却成了日本法西斯的一大隐患。因此，日本决定集中优势兵力，彻底歼灭美国航空母舰。日本联合舰队总司令山本五十六制订了一个夺取中途岛的计划，山本认为，只要拿下中途岛，对美国的航空母舰围而歼之就有希望，而且也可以把中途岛作为向中太平洋和西南太平洋扩张的基地。为了这场战争，山本五十六调集了 8 艘航空母舰、22 艘巡洋舰、11 艘战列舰、66 艘驱逐舰，组成了一支空前庞大的舰队。

1942 年 6 月 2 日凌晨，太平洋上升起的大雾使海面上的能见度很差，但由南云中将率领的日本突击舰队还是在浓雾中起航了。这支舰队没有安装雷达系统，只能以缓慢的速度在太平洋上摸索前进。上午 10 点左右，大雾散去，南云中将急令日本军舰全速前行。两天后，这支突击舰队

在第二次世界大战中，美国与英国以及苏联等国联合了起来，共同打击希特勒统治下的德国、墨索里尼统治下的意大利以及日本的军国主义政府。1943 年，盟军在北非战场取得了胜利，随后，他们又解放了意大利，在 1944 年 6 月 6 日之后，盟军又从法国直逼德国。在太平洋战场上，日本在最初的时候获得了相当的利益，但是，它的军队随后步步后退，本图所示的就是 1945 年 2 月，美国的旗帜插在硫磺岛上的情形。

和其余 8 支协同作战的舰队都已驶入了预定位置。

“全体注意，开始起飞。”南云中将直盯着前方的中途岛，用扩音广播向航空母舰上的所有飞行员命令。转瞬间，排列在“赤城”“加贺”“飞龙”“苍龙”4 艘航空母舰甲板上的 108 架飞机腾空而起，拉出一条白烟后向中途岛方向飞去。

“第二批做好准备。”南云中将继续命令着，然后等待着第一批飞机的归来。

此时，中途岛的美军在总指挥官尼米兹上将的率领下早已经做好了应战的准备。当日本轰炸机距离中途岛还有 30 英里的时候，遭到了美军 25 架“野猫式”战斗机的拦截。在激烈的空战中，“野猫式”有 17 架被击落，7 架被击伤。

南云中将正在指挥室里准备发出第二道命令，但是他却有些犹豫，第一批轰炸机并没有达到轰炸的预期目的，也就是说，中途岛的美军并不是像山本五十六预料的那样没有任何准备，而第二批轰炸机能否顺利完成任务呢?

正当南云中将举棋不定的时候，6 架美国鱼雷轰炸机和 4 架 B－26 轰炸机出现在“赤城”号航空母舰的右舷，南云中将忙命令高射炮迎战。在猛烈的炮火下，美机呼啸着朝“赤城”号扑来，但却闯入了高射炮的射程，然后落入到太平洋里。

当美军的最后 3 架轰炸机遍体鳞伤地朝中途岛方向飞去以后，南云中将终于下令第二批飞机在 5 分钟内起飞。然而就是这短短的 5 分钟，战局发生了根本性的变化。

3 架美国“无畏式”轰炸机正从空中向“赤城”号俯冲下来。而日舰上的所有反击都不再起作用，一颗颗黑色的炸弹从空中降落，“赤城”号则只有“拥抱”炮弹的能力。很快，巨大的航空母舰成了一片火海，“赤城”号已经完全失去了作战能力。

在“赤城”号被袭击的同时，“加贺”号和“苍龙”号也遭到了袭击，最后，连同“飞龙”号在内的这4艘一直让山本五十六引以为荣的航空母舰都沉入了海底。

在几百海里外指挥作战的山本五十六得知4艘航空母舰被击沉的消息后，悲痛不已。这次战争已经以日本的失败而结束了，如果硬着头皮与美军抗争到底，只是徒劳。最后，山本五十六只得下达了撤销中途岛作战的命令。

中途岛战役是第二次世界大战太平洋战争的分水岭，之后，日本海军一蹶不振，被迫从战略进攻转入战略防御。

## 击溃“沙漠之狐”

第二次世界大战的北非战场，处于沙漠地带，连水都要靠后方供应，后勤保障成为胜败的关键因素。制空权又是控制地中海等海陆交通的决定因素，这就使交战双方不能

隆美尔（中）是非洲战役的德军统帅。他受命指挥北非的两个机械化师，稳定对英战线。

离开港口和交通线，同时需要掌握制空权。1942 年 6 月，德、意非洲军在昔兰尼加战争中取胜后，乘势追击，直抵埃及境内，到达距英地中海舰队基地亚历山大港仅 110 千米的阿拉曼。阿拉曼是保护埃及腹地的屏障，非洲军的攻击，无疑似一把尖刀顶住英国人的胸膛。

1942 年 8 月初，丘吉尔亲自前往开罗，调兵遣将，加强北非英军第 8 集团军的力量，美国支援的 300 辆新式薛曼式战车和 100 门机械炮将陆续运到，同时任命个性活跃、自信心强的蒙哥马利为第 8 集团军司令。

蒙哥马利上任后，开始组建一支精兵，把陆军和空军联合在一起。为了加强阿拉曼的防御能力，他在险要的地形前面布满浓密的雷阵。以厚密的雷阵配合，对阿兰哈法岭以重兵据守，敌人从任何地方进入，都可以从侧面加以反击。

8 月 30 日，德、意非洲军在有“沙漠之狐”之称的隆美尔的指挥下对防线发起攻击。他从北中南三面同时展开攻势，北部只作佯攻，中部也只是牵制性的进攻，他把主力放在南面，试图攻下阿兰哈法岭。对隆美尔的进攻，蒙哥马利采用坚强的守势，派飞机、大炮对非洲军阵地不间断地轰炸，消耗对方实力。对于缺乏补给且武器落后的隆美尔来说，阿兰哈法岭之战是孤注一掷。英军的坚固防御和空中攻击的猛烈，打破了隆美尔的企图。9 月 1 日，非洲军被迫放弃大规模进攻。两天内 3 艘补给油船被英军击沉，严重缺乏燃料的隆美尔不得不加强防御。他在前方阵地埋下 50 万颗地雷、炸弹和炮弹，只用前哨据点扼守，在雷区后做防御战准备。

随后隆美尔因病情严重，将指挥棒交给斯徒美将军后，于9月22日返回德国就医。蒙哥马利这时正积极准备反击工作，他把主力的打击摆在北面，派一个装甲师盯死阵地南端，分散敌人的注意力，用13军牵制敌人右翼的辅助性进攻。从10月6日到23日的夜间，英空军加紧对敌人的交通线及运输工具的轰炸，阻断其供给。为掩盖其作战意图，隐蔽各部分兵力，诱骗敌人对于攻击日期和方向作错误的预测，蒙哥马利实施了一个用假帐幕、仓库、战车、车辆、炮位、水塔和油管做伪装的大规模掩蔽计划。

10月23日，在满月的光辉下，英军发起反攻，1000门火炮同时向德、意军阵地进行20分钟的狂轰滥炸后，英军分别从北南两个方向发起进攻。北部第30军攻占了敌人前进防御阵地后遇到了顽强抵抗，进展缓慢，南线的13军受到德军火力拦阻而受挫。但德、意军内部也乱作一团，交通网被摧毁，斯徒美将军因心脏病突发死于沙漠，燃料的缺乏使机械化部队基本丧失了运动攻击能力。

紧急返回的隆美尔命令部队进行坚决防御。他准确地判断出英军的主攻方向，着手向北调集军队，南部只留意大利军防守。激烈的战斗持续到29日晨，隆美尔指挥部队有效地遏止了英军的进攻。

鉴于德军主力向北集中，蒙哥马利改变进攻计划，决定在德意两军的接合处，发起“增压作战”的进攻。11月2日，在猛烈炮击和轰炸机支援下，英军开始进攻，飞机和炮兵转向轰击德军防御阵地，美式薛曼式战车可远距离发炮，德军火炮却不能击毁它。隆美尔调集全部的坦克，拼命抵抗。虽然阻止住英军的长驱直入，但战车仅剩下 35 辆。11 月 4 日，英军突破德意防线，意军全军覆没，知道失去交通线和制空权而无法补给，最终会输掉这场战争的隆美尔下令撤退。

然而，蒙哥马利用兵过于谨慎，没能及时察觉隆美尔的撤退行动，失去了全歼敌人的良机。9 日，隆美尔退回利比亚。

阿拉曼的胜利，是反法西斯同盟在北非战场上的转折点，盟军从此掌握战争主动权，为英美联军登陆非洲奠定了基础。

## 山本五十六的覆灭

1942 年 4 月 18 日清晨，神气十足的山本五十六穿着白色的海军礼服，登上了他的专用飞机。6 时整，飞机腾空而起，在天空呼啸几声后飞向了远方。山本五十六究竟要去哪里呢？原来，自从中途岛战役后，美日两国又为争夺瓜岛而进行了长达半年之久的交战，最后，还是以日本的失败告终。作为日本联合舰队总司令的山本五十六调集了 300 多架飞机，准备对瓜岛和新几内亚的美国舰艇进行报复性的轰炸。为了提高日军士气，山本决定

为激励士气，山本五十六赴前线进行军事视察，图为山本在登机前的例行准备。

到前线亲临观察。

“报告长官，后方发来密电，山本总司令将于4月18日前往巴拉尔岛、肖特兰岛和布因基地视察，请各方做好迎接准备。”译电员向前线的第11航空战队司令城岛高次海军少将报告。

“他简直是疯了，如果这封电报被美军截获，后果将不堪设想啊。”城岛高次接到电报后有些大惊失色。但城岛高次深知山本的脾气，他认准了的事决不会再加以更改，而且这时候劝告已经来不及了。

“希望我的担心是多余的。”城岛高次在心中不由得祷告起来。

美国太平洋舰队的情报局里，情报专家正在破译一份来自日方的秘密电报。这封电报正是刚刚截获的山本发给城岛的那份。

“电报被破译出来了，4月18日，山本五十六将会乘座机飞往卡希里湾视察，具体日程是这样安排的……”

美国海军部长尼米兹将军得知山本五十六的行踪后喜出望外。山本五十六是日本军方精明能干的指挥官，他曾参加过日俄战争和第一次世界大战，并指挥日军成功偷袭了珍珠港，如果能除掉这个人，日本举国上下一定会慌乱不已，而且还能对他偷袭珍珠港这一事件进行报复。尼米兹将军虽然对自己的这一想法很快加以了肯定，但他还是把这一文件放进了总统罗斯福的办公室，以求得总统的指示。

“马上截击山本五十六座机，并不惜一切代价击落它。”罗斯福总统非常赞同尼米兹将军的想法，下达了截击的命令，并命尼米兹制订具体的行动计划。

山本五十六做梦也不会想到，他的这次视察之行竟成了他的死亡之行。

4月18日凌晨7时左右，由18架美国闪电式战斗机组成的机群从瓜岛起飞了。半个小时后，山本的机群出现在美军雷达的视野里。

“准备，狙击机与掩护机各就各位。”领队的驾驶员约翰·米切尔少校和小汤玛斯·兰菲尔少校向机组的飞行员发出命令。接到命令后，担任引诱任务的12架美机迅速飞上6000米的高空，暴露在日本机群的视野里，其余6架担任狙击的飞机则低空飞行，躲过了日机的注意。

日本担任护航的战斗机看到12架美机前来袭击山本的座机，忙一窝蜂似的朝着飞在高空的12架美机追了过去。这个时候,6架狙击美机从隐蔽的位置冲了出来，全力追逐山本的座机，并不断向山本座机猛烈开火。当看到又有6架战斗机出现在山本座机的周围时，日本护航机才知道上了美军的当，于是加大油门，全速俯冲下来，企图掩护山本的座机。但为时已晚，山本座机发出了一声长长的呼啸声，朝着卡希里湾方向栽了下去。紧追其后的美机从机身的两翼施放出一排子弹，正中这座大型轰炸机的机身。转眼间，坠落的机身在离山本的目的地卡希里不远的荆棘中爆炸了。策划和发动太平洋战争的罪魁祸首终于得到了应得的下场。

山本五十六死后，日本天皇失去了一个得力助手，虽然接替山本的古贺峰一海军大将也老奸巨猾，但还是无法扭转日本海军每况愈下的趋势，日本联合舰队也逐渐走向了覆灭。

## 德黑兰会议

美英两国本来极其痛恨社会主义国家苏联的，但是自从德国法西斯进攻苏联和日本偷袭珍珠港以后，美英两国与苏联的关系由敌对暂时转为合作，美英两国同苏联结成了反法西斯同盟，共同对德国作战。1942 年 1 月《联合国家宣言》的发表，标志着世界反法西斯统一战线的形成。

随着盟国在各条战线上的顺利进军，苏、美、英三国首脑觉得有必要尽快召开高峰会议，以解决协调行动、共同作战等迫切需要解决的问题。尤其是斯大林格勒会战取得胜利以后，这一要求更加迫切了。关于会议的地点，斯大林坚持在伊朗首都德黑兰举行，因为他要亲自指挥红军作战，不能离国境太远。而且，苏、美、英三国在伊朗当时都驻有军队，安全有保障。

1943 年 11 月下旬，罗斯福、丘吉尔和斯大林来到德黑兰。当时的德黑兰是近东的一个间谍中心，为了防止意外，盟军情报人员建议三国首脑下榻在各自的使馆内。由于美国的使馆离苏、英使馆较远，罗斯福受斯大林的邀请下榻在苏联的使馆内。

第二次世界大战时的斯大林

11 月 28 日下午 3 点左右，三国首脑举行正式会晤前一个小时，斯大林走进了罗斯福总统的别墅，进行礼节性的会晤。

“很高兴见到你，早就想同你见面了，今天才终于如愿以偿。”斯大林走上前去，热情地同坐在轮椅上的罗斯福握手。

罗斯福的脸上洋溢着刚毅的笑容：“同你的心情一样，我也盼望着同你就当前的形势谈谈看法。”

在斯大林与罗斯福的这次会晤中，双方谈到了法国的戴高乐将军。

“虽然我很敬佩戴高乐将军的勇猛，但是，我个人认为，法国在战争结束后不应该再回到印度支那了。它应该为与法西斯合作付出代价。”斯大林严肃地谈道。

“我非常同意你的观点，在前些日子的开罗会议上，我同中国的蒋介石曾讨论过印度支那托管的可能性。我想提醒你，我们最好不要同丘吉尔首相谈及印度问题，据我所知，他还没有就这一问题想出可行的办法。”

下午 4 时，三国领导人会议正式开始了。罗斯福主持了第一次会议。

“今天是苏联人、英国人和美国人第一次为了共同的目标相聚一堂。我们的目标就是要赢得这次战争的胜利。我们共同的敌人法西斯已经成了强弩之末，但却在负隅顽抗。我希望通过这次会议能使我们的合作作战更加协调，我也相信不久的将来盟军就会取得胜利。”罗斯福做了热情洋溢的开幕词。

丘吉尔看了老朋友一眼，意味深长地说：“这次会议是史无前例的空前大聚会。刚坐到会议桌前那一瞬，我似乎感觉到人类的幸福和命运完全掌握在我们手中。”

斯大林对罗斯福和丘吉尔的讲话表示同意，并把英国国王通过丘吉尔转交给他的宝剑视为珍宝。三国首脑的第一次会议在友好的气氛中结束了。

但是，当讨论到具体问题——如何尽快开辟欧洲第二战场的时候，三国之间产生了分歧。当时，苏联是抗击德军的主要力量，迫切需要美、英在欧洲西部开辟另一条战线，以牵制德军，缩短战争时间。其实，早在 1941 年，斯大林就曾向英国要求开辟第二战场，但遭到了丘吉尔的拒绝。后来，随着形势的发展，美英两国看到开辟另一条战线势在必行，才制定了代号为“霸王”的战役计划，准备在 1944 年从法国诺曼底登陆。

斯大林刚一提及第二战场的问题，丘吉尔马上又提出“柔软的下腹部”战略，觉得应该把重点放在地中海战役上。而斯大林则认为，意大利离德国心脏很远，对德国威胁不大，难以减轻苏军的压力，而从法国攻入德国本土则是最快也是最有效的战略。

“如果两路并进是不是更好呢？”丘吉尔思索了一会儿，算是做出了让步，但实际上丘吉尔担心的是，如果按斯大林的建议进行，苏联红军可能会进入奥地利、罗马尼亚和匈牙利，而这些对英国战后的利益将是多么不利啊。

罗斯福早就看出了丘吉尔的心思，他对丘吉尔说：“难道你想把战争向后推迟几个月吗？那样将给世界带来多么大的威胁啊。如果你坚持要这么做，我将单独执行‘霸王’战役。”

最后，经过反复争论，三国达成了一致协议：1944 年 5 月，英、美将实行“霸王”战役，并进攻法国的南部。斯大林也答应同时发动攻势，阻止东线德军西调。斯大林还明确表示，在击溃德国法西斯后，苏联将参加对日作战，不过条件是苏联要得到库页岛和千岛群岛。

1943 年 12 月 1 日，斯大林、罗斯福和丘吉尔签订了《苏美英三国德黑兰宣言》和《苏美英三国德黑兰总协定》（后者作为秘密文件，当时没有公布）。

德黑兰会议公报的最后写着："我们怀着希望和决心来到这里。我们作为事实上的朋友而在这里分手。"

## 诺曼底登陆

苏德战争爆发后，斯大林便向丘吉尔提出在欧洲开辟第二战场的要求。丘吉尔担心斯大林会代替希特勒而未置可否。美国参战后，苏、英、美三国政府多次协商攻击法西斯的战略问题。但各方就时间和地点发生分歧，各国间不同的利益与苏和英、美两种不同的社会制度交织在一起，错综复杂，争论不休。但是法西斯的扩张，又使它们不得不相互妥协。几经周折，各方求同存异，在 1943 年 11 月的德黑兰会议上，三方最终达成开辟第二战场的协议。

诺曼底登陆场面

艾森豪威尔

1943 年 12 月 6 日，美国的艾森豪威尔将军被选为联军总统帅，近 300 万盟军陆海空将士在英伦三岛集结，准备横跨英吉利海峡，登上欧洲大陆，和东线苏联红军配合，夹击德军。这个大规模的作战计划代号为“霸王”行动。

1944 年 1 月 21 日，艾森豪威尔及其参谋部结合各种条件，决定在法国西北部的诺曼底登陆。计划从卡昂到奥尔尼河之间占领一个立足点，并攻占不列塔尼的各港口，英第 2 军团在卡昂地区进行突破，吸引敌人预备队。美第一军团趁势登陆，从西面侧翼实施突破，一直向南前进到卢瓦尔河上。联军正面以卡昂为轴旋转，使右翼向东前进到塞纳河上。

1944 年 3 月 30 日开始，联军对德阵地实施不间断的战略性轰炸，对铁路、公路、桥梁、车场、海防工事、雷达站、飞机场等设施进行大规模的摧毁，不仅造成德军指挥体系的瘫痪、交通运输补给线路的中断，而且最大限度地孤立联军登陆区和塞纳河与卢瓦尔河之间整个联军前进作战区的德军。

英美联军对登陆的突然性特别重视，他们制订了一个伟大的骗敌计划。在英国东南部建造了假总司令部、假铁路、假电厂、假油站、假船只等大规模的系统假象，暗示敌人联军会在英吉利海峡最窄处的加来港登陆，而且时间会更晚些。

1944 年 6 月 6 日，天气条件不好，艾森豪威尔果敢决定实行登陆计划，早已做好充分准备的联军开始发动渡海攻击。海军扫除德军水雷阻碍线，并用重炮轰击敌人阵地。两个空降集团分别在圣梅尔艾格里斯和卡昂东北部地区降落，担负保卫登陆部队的任务。在舰队重炮和空军猛烈火力的配合和空降师的策应下，登陆联军在 5 个登陆区开始登陆。

这些突然攻击使因天气恶劣而防备松懈的德军惊恐。联军对交通线路的战略轰炸，使德军处于“铁路沙漠”之中；对制空权的绝对控制，使德军防御工事被摧毁，联军的登陆极为顺利。凭借大西洋长城的防御，德军仍顽固抵抗，夜幕低垂时，联军终于突破防线。

6 日下午，希特勒仍然认为联军的攻击只是佯攻，目的是掩护在加来方向主力的攻击，于是德军只是用步兵封锁住美军的渗透，用一个装甲军在卡昂地区与英军周旋，而精锐部队第 15 军团仍部署在安特卫普与奥尔尼河之间。

6 月 12 日，联军登陆区连成一片，开始向诺曼底中部推进。但在德军的顽固抵抗下，联军进展缓慢，直到 7 月 25 日，才推进到卡昂、科蒙、圣洛以南地带。艾森豪威尔决定发动全面进攻，部队开始向法国心脏进攻。8 月 15 日，美第 7 军团侵入法国南部，对德军造成钳形阵势。此时苏联反攻，牵制住德军的大股部队，没有预备队的德军遭到联军的痛击，损失惨重。8 月 19 日，巴黎被联军攻占，诺曼底登陆以联军的胜利而结束。

诺曼底登陆是战争史上最大的登陆战役，它突破了希特勒所吹嘘的“大西洋铁壁”，使战争进入反法西战争的最后决战阶段，加快了欧洲解放和第二次世界大战结束的进程。

## 雅尔塔会议

1945年初，法西斯的失败已成定局：一个月前，德军在西线发动的最后孤注一掷的攻势被击退；苏联红军占领了波兰和东欧，并从东线向德国逼近；美国部队解放了马尼拉，并从空中轰炸日本。但是，德黑兰会议上没有解决的问题必须在战争结束之前得到解决，这些问题包括：如何处置德国、波兰的疆界问题、其他东欧国家的地位、联合国成立和远东问题，等等。

1945年2月4日，斯大林、罗斯福、丘吉尔在黑海海滨雅尔塔举行会议。

战后主宰世界格局的三巨头（左起）：丘吉尔、罗斯福、斯大林，在雅尔塔会议上留下了这张难得的照片。

罗斯福看了看斯大林和丘吉尔，说道:“我们三人已经成了老朋友，而且我们三个国家之间的了解也在不断加深。大家都想尽快结束战争，也都赞成持久和平，所以，我觉得我们可以随时进行非正式会谈，以达成共同的目标。”

在罗斯福的感染下，会场的气氛很活跃。首先，苏联副总参谋长阿列克赛·安车诺夫将军和美国将军马歇尔分别就东线和西线战势做了汇报：苏军已占领了波兰波兹南，打开了通向柏林的大门，西线的盟军则向德国的莱茵河防线进攻，空军正对德国全境的军事目标进行轰炸，德军已经组织不起像样的撤退。

看到胜利在即，其他人也纷纷就当前的形势发表了自己的看法。最后，三国首脑就目前军事配合交换了意见。

第二天，会议就如何处置德国的问题进行了讨论。早在德黑兰会议上，三巨头曾就这个问题交换过意见，会后，成立了欧洲咨询委员会，专门研究分割德国的问题。根据英国的提议，战后的德军被划分为 3 个占领区，由美、苏、英分别占领，柏林由三国共同占领。而在这次会议上，罗斯福却建议道:“在管制和占领战败的德国问题上，我认为应该统一化，不宜瓜分为各个占领区。不仅在最高层机构中行政管理应该统一，各级机构均应联合统一。”但是，罗斯福的这一建议却遭到

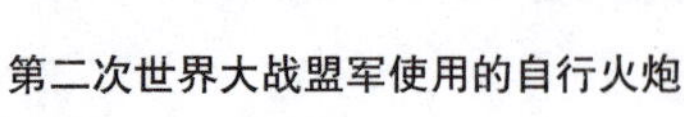

第二次世界大战盟军使用的自行火炮

斯大林和丘吉尔的一致反对，只能作罢。随后，丘吉尔又提出了让法国在德国占领一个区的提议。斯大林表示了强烈反对，他认为法国在打败法西斯德国的战争中并没有起到多大作用。而丘吉尔坚持己见，他认为法国在未来的欧洲将起到重要的作用，对管制德国也会有很大帮助。

正当双方争执不休的时候，罗斯福过来打圆场："美国在战后不会长久地在欧洲驻军，考虑到法国也曾为大战做出过不少贡献，丘吉尔首相提议的让法国协助英国来压制德国的提议还是可行的，阁下不如考虑一下。"斯大林看罗斯福同意了丘吉尔的提议，只好勉强表示同意。

当天下午，战败国赔款问题又引起一场激烈的争吵。斯大林说："在反法西斯特别是德国法西斯的战争中，苏联人民做出了巨大贡献，单独与德军抗衡了两年之久，死亡人的人数超过了2000万，这是一个多么庞大的数字啊。我认为德国的赔款总数不应该低于200亿美元，其中一半应该归苏联所有。如果德国没有能力偿还，可以用实物抵偿，如粮食、工厂、矿山等。"

丘吉尔对斯大林关于赔款问题的这一提议表示了反对："我认为巨大数额的赔款只会招致更大的麻烦，一战后的德国就是个典型例子。"但是，在斯大林的坚持下，罗斯福和丘吉尔最后还是同意了这一赔款方案。

雅尔塔会议中，由于本身的实力和在打败法西斯中的作用，美、苏成为大会的主宰，英国则不得不处于陪衬地位。在讨论对日作战的问题时，斯大林和罗斯福并没有邀请丘吉尔参加，而是用私人讨论的形式完成的。斯大林同意在打败德国法西斯后两三个月内对日作战。总之，雅尔塔会议虽然争执四起，但也基本解决了战后德国的处理问题，并划定了波兰的疆界。

雅尔塔会议对战后世界格局的形成和发展产生了较大的影响。

## 墨索里尼的末日

1943 年 7 月 17 日上午，一阵巨大的轰鸣声从罗马的上空传来，惊恐万分的人们纷纷四处躲藏。出乎意料的是，这次，盟国轰炸机并没有投下炸弹，而是撒下了几百万份传单，传单是美国总统罗斯福与英国首相丘吉尔联名签署的致意大利人民的《公告》。《公告》如一声惊雷，给意大利人民指明了方向，在意大利引起了极大的震动，罢工与游行此起彼伏，墨索里尼政府像站在了火山口。当墨索里尼内外交困的时候，法西斯集团也开始对他失去了信心，最后，连一直支持他的国王埃努尔三世也对他疏远了。7 月 25 日，埃努尔三世下令把墨索里尼囚禁起来。

墨索里尼被监禁后，几经迁徙被藏匿在亚平宁山脉顶峰上的一座饭店里。9 月 12 日，希特勒指派德国的特种部队“弗里登”突击队把墨索里尼从囚禁地救了出来。两天以后，在希特勒的扶植下，墨索里尼在德军占领的意大利北部地区成立了“意大利社会共和国”。

这个傀儡共和国注定了是短命的。1945 年初，德国防线一一被摧毁，墨索里尼预感到末日即将来临。4 月 24 日，他收到希特勒的一份电报：苏联军队已经攻入柏林，美英军队也在迅速地向柏林推进……墨索里尼知道大势已去，绝望地瘫倒在座椅上。

### ·自由志愿军·

1943年，德军入侵意大利，将墨索里尼重新扶上台。这种行为严重损害了意大利的主权，爱国者们纷纷组织起游击队，共产党组织了加里波第旅，行动党组织了正义与自由游击队，这是两支主要的武装力量。随着第二次世界大战战局的变化，越来越多的人加入了游击队，到1944年6月，游击队的兵力已达8万多人。为了更好地斗争，在共产党的提议下，各个游击队于1944年6月9日合并为自由志愿军，由北意大利民族解放委员会领导。游击队在意大利牵制了20多万法西斯军队，为盟军减轻了不少压力。从1944年6月到1945年3月，自由志愿军牺牲7万多人，歼灭德军数十万，为意大利的解放做出了巨大的贡献。

4月25日，意大利的反法西斯抵抗运动举行了全国总起义，并成立了最高领导机构“北意大利民族解放委员会”。反法西斯组织命令墨索里尼在两个小时内投降，墨索里尼不甘心就这样束手就擒，而且他深知，如果自己投降，同样会受到人民的审判。于是，他打算逃离罗马。

深夜，一支由30辆汽车组成的德国和意大利法西斯分子的车队正在意大利瑞士边境公路疾驶。昔日威风凛凛的墨索里尼缩在汽车里，他用一床破旧的毛毯裹住身体，用大衣领子和帽子盖住自己的脸，不想别人看到他落魄的下场。

“停车，我们要例行检查。”突然，道路上出现了全副武装的意大利游击队员。

前面的几辆德国军车停了下来，后面意大利的军车则开始逃窜，有的掉过车头往回开，有的钻进了旁边崎岖的小路。游击队员立即分头追击。逃跑的人全部落网，并被关进了附近的一所学校里。

“报告长官，听说墨索里尼就在德军这个车队里。”一个满脸大胡子的中年士兵走到游击队队长奈里身旁低声说。

奈里眼睛一亮，然后走近德军军队，他一辆车一辆车检查着，最后，他在一辆卡车上发现了一个人蜷缩在驾驶室里。

“他是谁？”

“噢，长官，他喝醉了，你瞧，他可是一个醉鬼啊。”一个德国兵慌忙答道。

“是吗？不过他的腿上怎么穿着高级军官才有的镶着金色条纹的法西斯军裤？我看他不会是一个简单人物吧。”奈里一边说着一边看了看已六神无主的“醉鬼”。

“看好了，别让这辆车开走。”奈里悄悄对身旁的一个游击队员说，随后，走向指挥部去报告他发现的可疑人物。

不一会儿，游击队副队长拉扎罗拉走了过来，他摘掉那个人的帽子，拉下他的衣服领子。

“去报告队长，他就是意大利法西斯党魁墨索里尼。早前我曾经和他有过一面之缘，我肯定没有认错。”然后，拉扎罗拉庄严地对早已经吓得面无血色的“醉鬼”说：“我以意大利的名义逮捕你。”

“醉鬼”没有答话，只是慢慢地站了起来，举起双手，弯着腰下了车。经审讯，这个“醉鬼”的确是罪大恶极的墨索里尼。和墨索里尼一起被捕的还有法西斯其他几个头目，其中还包括墨索里尼的情妇佩塔奇。

听说墨索里尼被抓住了，人们激动万分。4 月 28 日，意大利人民举国欢庆。这天下午，游击队总参谋部派瓦莱里奥上校来到东戈，瓦莱里奥将代表总参谋部对墨索里尼和其他几个法西斯头目进行就地处决。

傍晚时分，游击队员将墨索里尼和佩塔奇押上汽车，把车开到贝尔蒙蒂的公馆大门前。游击队员把墨索里尼和佩塔奇拉下车，让他们站到别墅的大铁栅栏旁边，然后荷枪实弹地守卫在四周。

看到这阵势，墨索里尼明白自己的末日来到了，吓得发起抖来。

“我以人民法庭的名义宣布：本尼托·墨索里尼，死刑！克拉拉·佩塔奇，死刑！”瓦莱里奥宣布道。“呼呼”两声枪响过，墨索里尼和佩塔奇双双倒在地上。第二天，墨索里尼的尸体被运到米兰的洛雷托广场，吊在一个废弃加油站的钢梁上供人指责唾骂。

## 攻克柏林

1945 年初，德国法西斯的失败已成定局。4 月 16 日，苏军元帅朱可夫到达库斯特林附近奥得河岸的第 8 司令部。凌晨 5 时，朱可夫下达了进攻德国首都柏林的命令。

得到元帅下达的命令，苏军的几千门大炮齐吼起来。此时的德国已经没有还击之力，经过半个小时的轰击，敌军阵地上先前的几声抵抗的枪声消失了，变得死一般的沉寂。

突然，数千枚信号弹升上了天空，燃起了五彩缤纷的火花。

攻克柏林——苏联红军将自己的旗帜插在了柏林的废墟之上。

顿时，地面上的140多部强力探照灯齐放光芒，一同照向德军阵地。在探照灯的指引下，苏联红军的步兵在坦克的协同下向柏林发起了冲锋。与此同时，苏联的轰炸机也对德军阵地进行了轮番轰炸。苏军很快突破了敌人的第一道防线，但是，在进抵德军的第二道防线时，苏军却遇到了阻碍。尽管朱可夫一而再，再而三地集结大量兵力和坦克进攻第二道防线——泽劳弗高地，却屡屡失败。

斯大林在得知苏军进展缓慢时，忙致电朱可夫，协助他调整了战略部署。终于，苏军攻占了泽劳弗高地。

4月25日，苏联红军完成了对柏林的包围，并与美、英联军

### ·易北河会师·

直到第二次世界大战进入到了最后一年，苏联军队和美、英军队均在各自的战场上作战，没有碰面的机会。但是在进入德国本土之后，双方就开始准备会师了。1945年4月25日，美国第一军的一个侦察小分队和苏联第一军的先头部队在德国易北河的一座小桥上相遇，双方士兵的手紧紧握在了一起。它标志着盟军的两支主要军事力量会合在了一起，将德军拦腰截断，希特勒的覆亡之日不远了。

会师，随即红军突入市区，开始了激烈的巷战。

但是，苏军对胜利即将到来的憧憬又一次落空了。在柏林城高大的砖砌楼房和各类建筑物之间，残酷的最后战争开始了。苏联人的坦克开进了柏林，这些坦克对摧毁德军工事的确起到了很大作用，但是，在狭窄的市区，这些重型武器就显得笨拙多了。在苏联红军“像辛勤园丁在花园里洒水般”倾泻炮弹的时候，德国士兵已经躲到了地下室里。而炮击一停止，他们就会爬到地面上，依托每一条街道和每一座楼房向苏军射击。在碎石垃圾成堆的柏林街道里，只要有一辆苏联坦克被击中，道路就会被堵塞，这时，德国人会用反坦克火箭弹逐个从侧面进行反击。德国人利用机动兵力，往往出现在苏军的背后给苏军以意想不到的打击。

但是，德国法西斯毕竟已经成了强弩之末，再多的抵抗也只不过是垂死挣扎而已。

27 日，柏林的争夺战已经向市中心一带转移。在隆隆的炮声中，柏林总理府已经是一片废墟。希特勒再也没有了以前的嚣张气焰，此时的他已经成了孤家寡人，几天前，他的得力助手、空军总司令戈林携大量的金银财宝逃到了萨尔斯堡，并声称接管帝国的全部领导权。

“快来柏林解围，你们难道没有听说苏军已经到了柏林了吗?海因里希和温克的军队都在哪里？”希特勒在离地面几十米的地下室里对着话筒狂叫着，他哪里知道，他所求助的这些部队早已经被苏联红军消灭了，柏林之围是解不了了。

又打了几个没头没脑的电话后，希特勒已经筋疲力尽，他躺在沙发上，想休息一会儿，但从地面上传来的轰鸣声却使他更加烦躁不安。

头顶上的炮弹声越来越近了，夹杂着坦克碾过地面的声音。

“看来我的末日是临近了。”希特勒默默地对自己说。

坐在沙发上，他眼前浮现出墨索里尼被暴尸街头的场面，不由得打了个寒战。他转身对卫队长格林说：“我和爱娃将会在这里自杀。你去准备两条羊毛毯子和足够焚烧两具尸体的汽油。我们死后，你把我们裹着抬到花园里烧掉……”格林吓了一跳，而希特勒却是相当平静。

4月29日，希特勒命人把还留在柏林的德国官员请到总理府的地下室，虽然来的人寥寥无几，但他还是做出一副非常庄重的表情。

“很高兴各位能在大敌当前来到这里，今天我有两件事宣布。一是，海军元帅邓尼茨将完成我没有完成的任务；二是我的私事，我将与爱娃在今天夜里举行婚礼。”爱娃是希特勒的情妇。

当天夜里，希特勒与爱娃的婚礼在地下室的地图室举行，柏林市政府参议员瓦格纳主持了婚礼。

4月30日，希特勒坐在总理办公室的沙发上，爱娃蜷缩在他的脚边。他环视着四周，看了爱娃最后一眼，然后拿起预先准备好的手枪朝着自己的右太阳穴开了一枪。希特勒死后，爱娃也挣扎了片刻就停止了呼吸，她早已经服下了剧毒药品氰化钾。

也就在这一天，苏军攻占了德国国会大厦。5月2日，苏军占领了整个柏林。

## 第一颗原子弹

1939 年 8 月的一天，一封由著名科学家爱因斯坦签名的信放在了美国总统罗斯福的办公室桌上：

总统阁下：

我读了费米和西拉德近来的研究工作手稿。这使我预计到，元素铀在不远的将来，将成为一种新的、重要的能源……

为此，我建议……和有关人士及企业界实验室建立接触，来促使实验工作加速进行……

据我所知，目前德国已停止出售它侵占的捷克铀矿的矿石。如果注意到德国外交部次长的儿子在柏林威廉皇帝研究所工作，该所目前正在进行和美国相同的对铀的研究，就不难理解德国何以会有此举了。

罗斯福坐在轮椅上，默默地读完了这封信，开始了激烈的思想斗争：爱因斯坦是个正直的科学家，由于纳粹的迫害，爱因斯坦和一批科学家逃离德国迁居美国。1939 年夏，有消息称德国正在进行一项秘密工程，即试图利用原子科学的成果，制造一种毁灭性很强的新式武器，万一德国法西斯抢先制

**原子弹**

代号“小男孩”的原子弹，1945 年 8 月 6 日被投放到广岛。它的威力相当于 2 万吨 TNT 炸药，方圆 10 平方千米的城市毁于一旦。

造出原子弹，人类的命运将不堪设想。但是，这种谁也没有见过的原子弹是否真的能制造出来呢？如果美国要赶在德国之前制造出这种武器，那经费从哪里来呢？如果不慎爆炸怎么办？

罗斯福想了许久，还是理不出头绪来。

“您是否还记得，拿破仑就是因为没有采用富尔顿利用蒸汽船的建议而未能横渡英吉利海峡的。而一旦德国的研制成功，美国将会是第一批受害者。”罗斯福的科学顾问萨克斯及时提醒了他。

为了慎重起见，罗斯福与美国一些官员进行了反复地研究。

10 月 19 日，罗斯福终于对爱因斯坦的信做了肯定的回答。按照罗斯福的指令，一个以“S–11”为代号的特别委员会成立了，这个委员会将负责核试验的研究。

1941 年 12 月 6 日，美国成立了一个庞大的工程机构——曼哈顿工程管理处，它的使命就是负责设计制造原子弹。与此同时，纳粹德国也在加紧研究制造原子弹。为了不让德国制造成原子弹，英美两国想尽了一切办法来爆毁挪威的重水工厂，以切断德国的重水来源。第一次突击失败以后，英国突击队又在 1943 年 2 月 17 日进行了第二次突击，这就是著名的“重水之战”。这次爆破的胜利，使纳粹德国丧失了建立原子反应堆必不可少的重水，制造原子弹的计划不得不向后推迟。

1942 年 8 月，美国陆军工程兵团建筑部副主任格罗夫斯将军主持了“S–11”委员会家、高级管理人员会议，制订了一个名为“曼哈顿”的新计划。“曼哈顿”计划规定，研究工作所有指挥权都集中在曼哈顿工程管理处，设在新墨西哥州荒原上的原子实验室由著名科学家罗伯特·奥本海姆主持，奥本海姆则每天都与坐镇华盛顿

“曼哈顿”总部的格罗夫斯将军汇报情况。这项工作具有高度保密性，就连副总统杜鲁门也是在1945年4月，罗斯福去世后接任总统时才知道这一机密的。

为了能抢在德国人之前造出第一颗原子弹，美国还向欧洲战场派出了名叫“阿尔索斯”的行动小组，专门搜捕德国科学家和收集德国制造原子弹的情报。

1945年7月16日凌晨，美国新墨西哥州阿拉英戈多沙漠里正在进行着试验原子弹的准备工作。5点30分，随着一声巨响，一团巨大的火球从地面升腾而起，窜上8000米的高空。火球升起的一刹那，沙漠上尘土飞扬，大地被震得颤动起来。美国政府集资25亿美元，动用40万科技人员和工人，经过3年研制出来的世界上第一颗原子弹终于爆炸成功了。

第一批原子弹共有3颗，被试验爆炸的一颗命名为“瘦子”，另外两颗被命名为“胖子”和“小男孩”。

第一颗原子弹爆炸成功的时候，杜鲁门正在德国波茨坦参加会议。为了对付日本和抑制苏联，杜鲁门在8月2日的回国途中决定对日本投掷原子弹。

8月6日和8日，美军先后在日本的广岛和长崎投下了两颗原子弹，加速了日本投降的进程。

## 日本投降

1945年7月26日，中、美、英三国发表了《波茨坦公告》，公告的主要内容是督促日本立即无条件投降。

8月6日，美军第509混合大队奉命向日本广岛投掷了一颗原子弹。第二天，美国总统杜鲁门向全世界发表声明，敦促日本政府赶快投降，否则就将遭到来自空中的毁灭。在美国广播之后，日本的海军统帅部才接到设在广岛的日本第二军总司令部的报告："美军使用了一种破坏力极强的炸弹，据推断可能是原子弹。"但是，广岛的悲剧并没有使日本立即同意接受《波茨坦公告》的最后通牒，而是把希望寄托在苏联的调停上。

8月8日，苏联向日本宣战，并出兵中国东北，盘踞在此的关东军土崩瓦解。同时，美国又在长崎投下了第二颗原子弹，长崎全城的27万人中，有6万在当日就死去了。中国、朝鲜、越南、菲律宾、马来亚、泰国、印度尼西亚等许多国家的军民也对日军发起了最后反攻，日本侵略者被打得焦头烂额。

就在日本法西斯四面楚歌、陷入绝境之际，一群日本军政要人聚集在防空洞里就是否接受《波茨坦公告》展开了激烈的争论。

"盟国正在督促我国投降，我想听听大家的意见。"铃木首相一副疲惫的样子，把身子靠在沙发上，等着听其他军政要人的意见。

"从现在的情况来看，我们只能投降了，我想盟国会同意我们维护国体、保存天皇制度的。"外相东乡茂德垂头丧气地说，显然，他已经没有其他的办法了。

海军司令部总长丰田副武似乎有些不甘心："投降可以，但除了维护国体外，盟国还必须答应我们三个条件：我们要自行处理战犯，自主地解除武装，最重要的是我们不能让盟国占领日本本土。”

“大日本帝国怎么能无条件投降呢？不如我们实行本土决战，说不定我们可以击退敌军呢。”陆相阿南惟几一直是个顽固的抵抗派。

在争论半天毫无结果的情况下，铃木首相决定上奏天皇。此时的天皇裕仁早已经没有刚开战时的锐气，他有气无力地说：“这几天的情况大家也看到了，即使我们有足够的精神去重新投入战争，但胜利的希望已经没有了。依我看，还是接受《波茨坦公告》吧。”

8月10日，日本接受《波茨坦公告》的广播传到美国，美国总统杜鲁门征询了英、苏、中三方的意见，向日本政府发出了一道复文：“自投降之时起，日本天皇必须听命于美国最高司令官……日本政府之最后形式，将依日本人民自身表示之意愿确定。”

两天后，美国飞机越过太平洋飞抵日本东京上空，从飞机上向下散发日语传单，其中包括日本政府接受《波茨坦公告》的电文和同盟国复文。8月14日，日本又召开了御前会议。会上，陆相阿南惟几再恳请天皇向盟国提出照会：如果盟国不允许保护天皇制，那日本只有背

1945年9月9日，日本递交投降书。

水一战。阿南惟几的请求并没有使天皇无条件投降的决心改变，天皇不但下令起草了无条件投降的诏书，还将诏书录了音。阿南惟几声泪俱下地离开了会场。

8 月 15 日，日本天皇以广播“停战诏书”的形式，向盟国宣布无条件投降。28 日，美国空军在东京降落，接着，大批的盟军在日本登陆。

9 月 2 日，是日本向盟国举行签降仪式的日子。这天上午，停泊在东京湾的美国战列舰“密苏里”号见证了这一历史性的时刻。日本新任外相重光葵和参谋总长梅津美治郎首先在投降书上签了字，接着，同盟国代表、盟军最高统帅麦克阿瑟，美国代表尼米茨，中国代表徐永昌，英国代表福莱塞，苏联代表杰列维亚科等也依次在投降书上签了字。

至此，日本帝国主义 15 年的侵略战争以彻底失败告终。

## 奥斯维辛集中营

奥斯维辛是波兰南部的一个小村庄。1939 年德国占领波兰以后，在奥斯维辛建立起了一座杀人工厂。从此，原本宁静的小村庄充满了恐怖：四周布满了铁丝网，里面设有专供杀人的毒气室、焚尸场和化验室。

在奥斯维辛集中营里，每天都有成千上万的犹太人被惨无人道的德国法西斯屠杀。在这里看守集中营的多是些极端残暴的法西斯党卫军分子，他们的残暴从他们的装扮中也能看出几分：领章和军帽上戴着象征他们所执行使命的标志，墨底上一个骷髅头

集中营里绞刑架上的尸体

和两根交叉的骨头。

希特勒痛恨除日耳曼民族以外的所有民族，尤其是犹太民族，希特勒认为除日耳曼人以外的所有民族都是“劣等民族”，而企图把这些民族全部杀光。1940年6月以后，奥斯维辛每天都会有成百上千的战俘和无辜平民运进来。这些人一进入奥斯维辛集中营，马上会被送进消毒站。等他们从消毒站里出来时，头上的头发没有了，带来的所有物品被没收了，而且每个人都穿上了同款式的囚衣。为了区分这些“犯人”罪行的性质，纳粹法西斯们在每个人的左臂上编上号码，再把带有同样号码的三角布缝在左袖上和裤子上，这些三角布的颜色即代表“犯人”罪行的不同，如戴有红色三角布的是政治犯，黑色的是拒绝劳动的人，黄色的是犹太人等。

这些“犯人”对纳粹法西斯来说并不是没有任何用处的，那些比较强壮的“犯人”一般会分配到工地上去做苦工，而那些失去劳动能力的“犯人”则往往会被送到毒气室里成批地杀掉。

纳粹法西斯对被毒气毒死的“犯人”也不放过，他们检查完“犯人”的尸体以后，把他们嘴里的金牙敲下来熔成金块，头发用来编制地毯，脂肪做成肥皂，连尸体烧剩下的骨渣也会运到工厂磨成粉末，当肥料。

其实，活下来的“犯人”也是生不如死，他们被迫从事非常繁重的劳动，如果稍有犯规行为或是没有完成任务就会受到各种残酷的刑罚。法西斯党卫军会用皮鞭和钢索把“犯人”抽得皮开肉绽。而且，在被抽打的过程中，“犯人”还要不停地报数，如果因为疼痛忘记报了或是报错了，那这个“犯人”则要重新被抽打。

对于逃跑的“犯人”，党卫队对他们的惩罚则更为残酷，往往是死刑，而这种死刑又必须是在活着的“犯人”面前进行的，以用于警告活着的人打消逃跑的念头。

在奥斯维辛集中营里，还有一所医院。单从外表看，这所医院和普通的医院没有什么两样：医院外面长满了鲜花绿草，让人有一种温馨的感觉，而且，出出入入的人络绎不绝，和平常的人也没有什么大的区别。但是，这所医院并不是真正给“犯人”们看病的，这里的医生是一群杀人不

德国纳粹集中营中饱受折磨的囚犯

眨眼的刽子手，如果他们认为某个“病人”无法医治或是这个“病人”不规矩，就会给“病人”注射一种毒液，使“病人”在几秒钟或是几分钟之内死亡。此外，这所医院还是党卫军进行细菌武器研究的地方，而这些细菌武器的研究都是用抓来的“犯人”做实验。党卫军会把抓来的“犯人”先带到毒气室里毒死甚至直接用活人做实验，一旦一种细菌武器研制成功，“犯人”也自然成了他们最先毒害的对象。这所医院曾经从事过双子生物学的“科学研究”，党卫军到所占领的地区去寻找双胞胎，如果双胞胎之一死于某种异常病症，那么另一个则马上被送进实验室。一般情况下，是没有人能够活着走出实验室的。

从1940年第一批“犯人”被运进奥斯维辛到1945年苏联红军解放这里为止，共有400多万人惨遭杀害，其中，这里曾创下了一天死亡6000人的纪录。

## 正义的审判

第二次世界大战后，如何处理战败的德国和日本的问题，成为国际关系中一个重要的问题。为了彻底肃清法西斯势力，实现民主化和非军国主义化，防止军国主义和法西斯主义死灰复燃，维护世界和平，盟国对法西斯战犯进行了审判，这就是纽伦堡审判和东京审判。

1943年10月，苏、美、英三国莫斯科宣言规定，战争结束后，将对战争罪犯进行审判。1945年8月，上述三国和法国在伦敦签订协定，拟定欧洲国际军事法庭宪章，规定由四国指派检察官组成委员会进行起诉，由四国指派的法官组成国际军事法庭进行审判。1945年10月18日，国际军事法庭第一次审判在柏林举行。

从11月20日开始，审判移至德国南部城市纽伦堡举行，至1946年10月1日结束，历时近一年。包括纳粹第二、三号人物戈林、赫斯和里宾特洛甫在内的20多名战犯被提起公诉。法庭进行了403次公审，以大量确凿的证据揭露了德国法西斯的种种滔天罪行。法庭根据四条罪行对战犯进行起诉和定罪：策划、准备、发动、进行战争罪；参与实施战争的共同计划罪；战争罪(指违反战争法规或战争惯例)；违反人道罪(指对平民的屠杀、灭绝和奴役等)。前两条合起来称为破坏和平罪。1946年10月1日，法庭做出了最后判决，判处戈林等12人绞刑，3人无期徒刑，4人有期徒刑。

死刑判决于1946年10月16日执行，戈林在处决前一天服毒自杀。与此同时，法庭还宣布了4个犯罪组织，它们是：纳粹党领导机构、秘密警察(盖世太保)、保安处和党卫队。对这几个犯罪组织的成员，各国可以判以参与犯罪组织罪直接判处死刑。此后，在美、英、法、苏各个占领区以及后来的联邦德国和民主德国各法庭，又对众多的战争期间的犯罪分子进行了后续审判，他们大多是法西斯医生、法官、工业家、外交人员、国防军最高司令部人员、军事骨干以及党卫军高级干部等。

纽伦堡审判基本上是一次公正的审判，是人类有史以来对侵略战争发动者的第一次法律制裁，有利于防止历史悲剧的重演。它为以后对破坏和平罪的审判奠定了基础，标志着国际法的重大发展。

在第二次世界大战进行之时，盟国就认为，日本战犯也应受到与德国战犯同样的处理。1945 年 12 月 16 日至 26 日，苏、美、英外长决定实施《波茨坦公告》中的日本投降条文，包括惩办日本战犯。根据《波茨坦公告》、日本投降书、盟国的《特别通告》以及《远东国际军事法庭宪章》，盟国决定在东京设立法庭审判日本战犯。

根据宪章规定，法庭将审判及惩罚被控以个人身份或团体成员身份犯有以下三种罪行的战犯：破坏和平罪 ( 策划、准备、发动或进行侵略战争 )；战争罪 ( 违反战争法规或战争惯例 )；违反人道罪 ( 对平民进行杀害、奴役和放逐，或以政治、种族和宗教为理由对平民进行迫害的行为 )。

盟军最高统帅麦克阿瑟于 1946 年 2 月 18 日任命澳大利亚的韦伯为首席法官，中国、苏联、美国、英国、法国、荷兰、菲律宾、加拿大、新西兰和印度 10 国各派一名代表为法官，美国的约瑟夫 · B. 凯南为首席检察官。

1946 年 4 月 29 日，东条英机等 28 名战犯正式被起诉。1946 年 5 月 3 日，远东国际军事法庭正式开庭。首席检察官历数了 28 名战犯在战争中的罪行，列举了 55 项罪状，指控他们犯有破坏和平罪、战争罪、违反人道罪。

1948 年 11 月 4 日，法庭宣读判决书，对 25 名出庭战犯判决如下：判处东条英机等 7 人绞刑；16 人被判处无期徒刑；其余判处有期徒刑。

1948 年 11 月 12 日，远东国际军事法庭闭庭。1948 年 12 月 23 日，东条英机等 7 名战犯在东京巢鸭监狱被绞死，尸体被火化。

其余战犯入狱服刑。

对日本战犯做出的严正判决，受到了世界舆论的欢迎。这次审判，使全世界人民进一步了解了日本帝国主义从“九一八事变”到太平洋战争期间的侵略真相和罪恶的事实，是对日本法西斯分子的一次全面清算和重大打击。但是，一些应该受到审判的战犯并未成为被告，一些罪大恶极的战犯并未受到严惩，给深受其害的各国人民留下了不良的印象。

## 联合国建立

1945年4月25日，美国旧金山市中心的大歌剧院里一片沸腾，来自世界各国的人们兴奋地谈论着即将开幕的大会。是什么重要的大会让世界各国的人们聚集到了一起呢？原来，今天在这里举行的大会将要讨论联合国的成立，并制定《联合国宪章》。

下午4点左右，美、中、英、苏4个发起国和其他国家的代表先后走入歌剧院。紧接着，1800多名各国记者也进入会场，他们将成为这一历史性时刻的见证人。

联合国标志

联合国是在第二次世界大战期间开始筹备创立的，它是世界人民渴望和平的产物。第二次世界大战的战火燃烧到世界60多个国家和地区，有近20亿人被卷入战争，其中有5000万人死亡，全部交战国直接战费总额计 11540 亿美元。蒙受战争苦难的世界各国人民是多么渴望实现持久的和平啊。早在 1941 年英美两国发表的《大西洋宪章》里，两国首脑就提出了要在战争结束后建立一个广泛而永久的普遍安全制度，道出了饱受战争之苦的人们的心声。

1943 年 10 月，中、美、英、苏代表在莫斯科举行会议，并签订了《四国关于普遍安全的宣言》，这是呼吁建立国际安全机构的开端。

1943 年 11 月的开罗会议中，中、美、英三国代表商讨了战胜日本及战后的共同策略。不久，美、英、苏又在德黑兰举行会议，在这次会议期间，罗斯福与斯大林提出了战后成立联合国的建议，但这次会议并没有提出建立联合国的各个细节，这些细节是在一年后提出来的。1944 年 8 月至 10 月，苏、美、英三国代表和中、美、英三国代表分别举行会议，讨论并拟定了《关于建立普遍性

联合国总部大楼

国际组织建议》，在这个《建议》中，规定了联合国的宗旨、原则和各机构的组成。

尽管世界各国在维护世界和平方面的宗旨一致，但却也存在着很大的分歧，尤其是美国和苏联。作为两种社会制度的代表，美国和苏联永远都是针锋相对。美国的目标是想建立一个战后世界各国的协调机构，而苏联却以防止德、日法西斯侵略力量的再起为目标。此外，苏联代表提出的苏、美、中、英、法五大国享有否决权的问题也遭到了美、英的反对。

在 1945 年 2 月召开的雅尔塔会议上，罗斯福和丘吉尔终于与斯大林达成了协议，接受了苏联关于联合国的组织方案，同意五大国拥有否决权，并把乌克兰和白俄罗斯列为联合国会员国。于是，几个大国才在举行制定联合国宪章的会议问题上取得了一致意见，并决定“制宪会议”在旧金山召开。

大会的开幕式上，美国代表发表了简短的讲话，接着是新继任的美国总统杜鲁门的讲话，杜鲁门在讲话中强调了联合国对世界和平与人类发展的意义，并一再强调“和平”与“合作”是此次大会的两大主题。开幕式洋溢在一种和谐友好的气氛中。

“制宪会议”持续了整整两个月，这时的会员国已增至到 51 个。各国代表都先后在大会上发了言，研讨了会议的组织工作，并确定了英、俄、法、汉和西班牙语为大会正式工作语言。6 月 26 日，大会一致通过了《联合国宪章》，51 个国家的代表在《宪章》上签了字。为了纪念《宪章》的签订，6 月 26 日这天又被称为“宪章日”。

1945 年 10 月 24 日，联合国正式宣布成立，并把总部设在美国东海岸纽约市的曼哈顿区。

# 冷战时期

## 丘吉尔的铁幕演说

1946年3月，美国密苏里州富尔顿城里的威斯敏斯特学院热闹非凡。学院门口车水马龙，院内的草坪上密密麻麻地排列着座椅，3000多名观众陆陆续续地进场，并不断地兴奋高昂地讨论着。原来，英国前首相丘吉尔将在这里进行一次演讲。

在众目睽睽之下，美国总统杜鲁门走上了讲台，他首先对丘吉尔来美访问致了欢迎辞。紧接着，丘吉尔在一片掌声中走上了讲台，他满面微笑，向听众们挥动着手里白色的礼帽，发表了题为《和平砥柱》的演讲。

在演讲中，丘吉尔首先对美国大肆赞扬，称其为"正高踞在世界权力的顶峰"，随即话锋一转，提醒听众新的战争和暴政正日益威胁着世界，而根源就是苏联和国际共产主义运动。

为了表示他本人对世界和平的担忧，丘吉尔沉默了许久，然后带着激动的声音说道："从波罗的海边的海斯德丁到亚得里亚海边的里雅斯特，已经拉下了一幅巨大的铁幕。这张铁幕后面坐落着中欧、东欧古老国家的城市——华沙、柏林、布达佩

1946年3月，丘吉尔在杜鲁门陪同下，在富尔顿的威斯敏斯特学院发表了"铁幕"演说。

斯、布拉格、维也纳、贝格尔莱德、布加勒斯特等。这些著名的都市和居民都处于苏联势力范围之内了。这些都市不是以这样就是以那样的形式屈服于苏联的势力，而且越来越强烈地受到来自莫斯科的高压控制。

“在这张铁幕外面，共产党的‘第五纵队’遍布各国，刚被盟国的胜利照亮的大地，又被罩上了阴影，到处构成对基督教文明的日益严重的挑衅和危险。没有人知道，苏联和它的共产主义国际组织打算在最近的将来干些什么……

“如果我们不趁现在还来得及的时候正视这些事实，而任苏联继续扩大它的势力范围，那么我们的危险会越来越大，所以，现在是我们该做出决定的时候了……”

丘吉尔呼吁英美联合起来，建立“特殊关系”，推动西方民主国家“团结一致”。并建议在军事上“继续保持密切的联系，以便共同研究潜在的危险”，用实力反对苏联。

坐在台下的杜鲁门带头鼓起了掌，他与丘吉尔的想法是非常一致的。自从他接任总统后，马上就表示要对苏联采取强硬政策。尤其是日本投降后，他公开宣称“已厌倦了笼络苏联人”，开始推行一种以苏联为主要对手，以欧洲为重点，以谋求世界霸权为目标的战略。而苏联也不甘示弱，在波兰、罗马尼亚、匈牙利、保加利亚等国建立了人民民主政权，同美国进行直接对峙。1946 年 2 月 9 日，斯大林发表演说时指出战争是现代垄断资本主义发展的必然结果。杜鲁门正为找不到反击苏联的理由而苦恼，于是，马上把这篇演说称为“第三次世界大战的宣言”，并表示赞成美国驻苏联大使馆代办乔治・凯南提出的必须对苏联采取“遏制”政策的建议。

当时国际国内舆论对苏联普遍持有好感，如果一意孤行对苏联采取“遏制”政策，肯定会招来不必要的麻烦，于是，杜鲁门开始寻找志同道合的反共斗士，他首先把目标锁定在英国前首相丘吉尔身上。

丘吉尔发表如此言辞激烈的演说也并非是一时心血来潮，而是当时国际形势与英国的利益使然。第二次世界大战后，昔日的日不落帝国不再风光，美、苏转而成为世界强国，美国始终是维护资本主义国家利益的，而作为社会主义国家代表的苏联却也位居其上，很是让英国不服气。于是，丘吉尔在杜鲁门的邀请下欣然来到美国访问，并发表了旨在反苏反共的这一演讲。

丘吉尔的“铁幕”演说是第二次世界大战之后西方政界一位最有身份的人对苏联进行的最公开、最大胆的指责，也是美国发出的对以苏联为首的社会主义阵营开始“冷战”的最初信号。1947 年 3 月 12 日，美国提出了要求遏制苏联和共产主义的杜鲁门主义，冷战正式开始。

“铁幕”一词不是丘吉尔的首创，但自从丘吉尔这次演说后，“铁幕”便成为战后国际关系中有关东西方对抗的专有名词。

## 欧洲复兴计划

每年的哈佛大学毕业典礼上，都会有一位政界要人或是工商巨子来到学校对即将离开学校的学子们发表演讲。1947 年 6 月 5 日，又是哈佛每年一度的毕业典礼的日子，今年请来的知名人士会是谁呢?

在这幅广告画中,“马歇尔计划”成为新欧洲发展的有力夹板。

随着学生们的一片喧哗声,美国国务卿乔治·马歇尔走上了讲台,他频频挥手,向台下的同学们致意,然后用他富有感染力的声音开始了演讲。在这次演讲中,马歇尔描绘了欧洲面临的困难局面,提出了美国对欧洲进行援助的计划,即“欧洲复兴计划”。马歇尔说:“在以后的几年中,欧洲的需要大大超过了它的支持能力,而美国应尽最大努力帮助恢复世界正常的经济繁荣……我们的目的就是恢复世界上行之有效的经济制度,从而使自由制度赖以生存的政治和社会条件能够出现……”

马歇尔用15分钟就把这一计划叙述得淋漓尽致,他非常投入,台下的学生们也听得入了神。其实,马歇尔计划是当时美国对外政策的一个重要组成部分,也是自杜鲁门主义出笼以来的第一次大规模运用。

第二次世界大战期间,由于美国在战争中本土没有受到攻击,工业基础未遭到破坏,生产力继续提高,使其战后成为西方最强大的国家。美国一方面为英、法、德等资本主义殖民国家的没落而暗自高兴,一边又怕动荡不安的西欧落入到当时以苏联为首的社会主义阵营的势力范围当中。于是,美国政府认为在经济、政治、军事上全面控制西欧的时机到来了,而必须找一个时机恰如其分地抛出所谓的“欧洲复兴计划”，以作为美国全面控制西欧、抗衡苏联的战略的一个部分。哈佛大学是世界上知名学府，在这个学府发表演讲就是美国政府认为最恰当的时机。

“欧洲复兴计划”虽然是马歇尔正式提出来的，但在马歇尔提出之前，美国政府早已经把这一计划的雏形进行了多次宣传。

1947 年 2 月 22 日，马歇尔刚刚上任，便在普林斯顿大学发表了对外政策演说，强调鉴于西欧各国经济处于困难，美国应给予各国强有力的援助。3 月 6 日，美国总统杜鲁门在得克萨斯州贝纳大学发表演说时，声称美国将决定世界经济关系的格局。5 月 8 日，受杜鲁门的委托，美国副国务卿艾奇逊在克利夫兰一个集会上发表了对外政策演说，强调欧洲重建要作为一个整体来考虑，要通过贷款或赠予的方式解决，以此来保持欧洲的繁荣。艾奇逊的演说其实是马歇尔这次“欧洲复兴计划”的序幕。

马歇尔在哈佛大学的演讲刚一发表，立即在世界范围内引起

### ·杜鲁门主义·

1947 年 3 月 12 日，杜鲁门在向国会提交的咨文中提到要将遏制共产主义作为国家的政治意识形态和外交指导思想，该咨文被称为“杜鲁门主义”。杜鲁门在咨文中宣称世界已经被分成两大部分——极权政体和自由国家，每个国家都面临着这两个选择。而美国要做的是承担起自由世界抗拒共产主义渗透的使命，实际上就是为了控制资本主义世界，遏制社会主义。杜鲁门主义和马歇尔计划共同组成当时美国的对外政策，这是美国第一次将冷战作为国策，此后杜鲁门主义支配美国外交达 25 年之久。

关注。英、法两国率先响应，6 月 17 日至 18 日，英、法就“欧洲复兴计划”问题在巴黎举行会谈，19 日两国发表公报，对这一计划表示欢迎，并按照美国政府的意思，邀请苏联外长莫洛托夫前来参加讨论。6 月 27 日，苏联派遣了庞大的代表团参加了在巴黎召开的讨论“欧洲复兴计划”的会议。英、法建议欧洲各国就各自的经济资源提出报告，然后拟出欧洲国家统一的经济复兴大纲，这一要求遭到了苏联代表的拒绝。7 月 2 日，莫洛托夫发表声明表示欢迎基于民主的国际合作，但谴责西方各国的做法将导致某些国家对另一些国家内部事务的干涉，并宣布退出会谈。7 月 12 日，英、法等西欧 16 国在巴黎继续举行会议，决定成立“欧洲经济合作委员会”。实际上，“欧洲复兴计划”应该叫作“西欧复兴计划”。

“欧洲复兴计划”在西欧得到热烈欢迎后，美国加紧将该计划的各项准备工作予以落实。首先，成立了直属总统的对外援助委员会，并制定了具体的方针、政策。作为复兴欧洲的有机组成部分，美国于 6 月 20 日给予希腊 3 亿美元援助，8 月 14 日停止对意大利在美财产的冻结，等等。

1948 年 4 月 3 日，杜鲁门正式签署了国会通过的《对外援助法》。该法案规定各个参加“欧洲复兴计划”的受援国必须与美国就援助条件签订双边条约，并相对削减同社会主义国家的贸易额。为此，美国还特别成立了经济合作署，开始正式实施“欧洲复兴计划”。

1951 年 12 月 31 日，“欧洲复兴计划”执行完毕。在这一计划中，美国共向西欧各国援助了 131.5 亿美元，欧洲 16 个受援国分别都不同程度地获得了援助。

“欧洲复兴计划”稳定了资本主义社会的秩序，推动了欧洲经济的一体化。然而，这一计划不但没有遏制住苏联，反而进一步加剧了冷战。

## 柏林危机

1948年2月，美、英、法、荷、比利时、卢森堡6国在伦敦召开外长级会议。在这次会议上，美国代表提议在德国西方占领区建立德意志国家。由于美国在德国问题上的主导地位，他的这一主张得到了其他5国的赞同。这次会议完全是在美国的操控之下进行的，持续了近4个月。6月7日，伦敦会议才告一段落，参会的国家在会后发表公告，决定在德国西区拟定“基本法”，召开“制宪会议”，把美、英、法等国的占领区合并成统一的德意志国家，在建立的“西德”进行币制改革，“西德”的工业生产由6国组成的国际管理机构进行管理，等等。伦敦会议为什么没有苏联参加呢？原来，美国召开这次伦敦会议的主要目的就是想排斥苏联在德国问题上的发言权，试图单独解决德国问题，在德国西部建立一个国家，以此为反苏的前沿阵地。

在第二次世界大战前夕的雅尔塔会议和波茨坦会议上，众参会国达成了在战争结束后由苏、美、英、法4国分管德国的协议。德国投降后，苏、美、英、法将德国领土分区占领：苏联占据东区，英国占据西北区，美国占据西南区，法国占据西区，而首都柏林由4个国家共同管理。1945年以后，4国曾举行过数次外长会议。但是，4国在各自的占领区内实行军事管制，只按照本国政府的政策行事，对本国政府负责，所以各国之间出现的分歧越来越多，很难就同一个问题取得一致的意见，这就使得盟国管制委员会形同虚设。

德国分裂，柏林被一分为二，驻守在柏林墙两侧的士兵只能隔墙相对。

在柏林墙西柏林一侧的标示牌上写着："注意！你正在离开西柏林。"

1946年底，美、英签订了双方对德国占领区合并的协定。第二年初，苏、美、英、法4国外长在莫斯科讨论德国问题，苏联代表在会上提出的建立德国临时中央政府的主张遭到了其他3国的反对。同一年，美国开始推行杜鲁门主义和马歇尔计划，加紧了对西欧的控制。尤其是在1948年的伦敦会议之后，美国蓄意分裂德国的意图越来越明显。

1948年3月20日，对美国行为极度不满的苏联宣布退出盟国管制委员会。6月19日，苏联针对美国宣布将于20日在德国西区进行币制改革的消息发表了政府声明，指出柏林是苏占区的一部分，并警告西方国家，如果其对苏占区货币流通进行破坏，苏联将采取措施加强管理，进一步控制西方国家进入柏林的通道。柏林危机由此开始。

美国对苏联的警告置之不理。6月21日，在美国的坚持下，美、英、法3国在德境西占区实行了单独的币制改革，发行了新的德国马克。苏联对美、英等国的上述活动一再提出抗议和反对，美国依然我行我素。

22日，苏、美、英、法4国代表在柏林召开会议，讨论柏林货币问题。针对德国西区的情况，苏联代表在会上宣布，苏联决定在柏林发行新货币，并拒绝了美国提出的西方3国管理柏林货币的要求。由于柏林是由4国分管的，美、苏关于柏林货币的问题一时争执不下，双方都声称有权在柏林推行新的货币政策。最后，柏林当局采取了折中方案，允许美国在西柏林执行其货币政策，在东柏林则执行苏联的货币政策。

柏林是苏联红军最先占领的，在攻克柏林的战役中，无论是从兵力还是财力上，苏联的损失都是巨大的。而用这么大代价换来的成果却白白地被美国占去了一半，苏联不能不为之恼火。24日，苏联封锁了柏林，中断了西柏林与西方占领区之间的水陆交通。美、英则对苏占区实行交通和贸易限制，并向西柏林空运物资。此时，柏林苏占区和德境西区关系非常紧张，市政管理陷入混乱之中，战争一触即发。

尽管柏林局势非常紧张，但美、苏双方都不愿最先使用武力。1949年1月31日，斯大林表示，如果美、英、法3国同意把建立单独的西德国家推迟到研究整个德国问题的外长会议召开时，苏联将会取消对柏林的交通管制。经过谈判，双方于5月12日解除了对德国各占领区和柏林之间的交通限制。双方还决定于5月23日在巴黎召开4国外长会议，继续就德国问题进行讨论。

5月23日，德意志联邦共和国在西占区宣布成立，10月7日，德意志民主共和国在苏占区也宣布成立。至此，德国被分裂成两个国家。

## 北大西洋公约组织

第二次世界大战结束后，以美国为首的西方资本主义国家极力遏制社会主义国家苏联。美国在欧洲复兴过程中，不断向外扩张势力。冷战开始后，国际政治出现了新一轮分化，分别形成了以美国为首的西方阵营和以苏联为首的东方阵营。自此，这两大阵营在政治、经济、军事和文化等方面都展开了对峙。

1948年2月，捷克斯洛伐克宣布退出西方阵营，加入到东方的社会主义阵营中。英国外交大臣贝文的呼吁表现了整个资本主义社会的心声：西欧面临被苏联倾覆的危险，西欧各国应该联合起来，建立一个能保卫西欧的联盟。很快，这一呼吁便表现在了

1954年10月，西方大国签订《巴黎协定》，允许联邦德国加入北约，图为法德英美四国首脑举行联合记者招待会。

曾任北约第一任军方总司令的艾森豪威尔在卸职后于1953年登上美国总统的宝座。

行动上。

1948年3月，美国、加拿大、英国3国代表在华盛顿举行会谈，通过了美国草拟的《五角大楼文件》。随后，英国、法国、比利时、荷兰、卢森堡5国在比利时首都布鲁塞尔签署了《经济、社会、文化合作和集体防御条约》，这一条约简称《布鲁塞尔条约》。

但是，西欧各国的不安并没有随着《布鲁塞尔条约》的签署而减轻，反而越来越重了。其实，西欧各国的担心也并不是多余的。当时，苏联与东欧已连成一片，拥有210个师的大军，而整个西欧只有14个师的兵力，其中还包括美国的2个师。西欧各国都意识到，单凭自己的这点力量是很难与苏联抗衡的，所以它们急需寻找一个能与苏联相对峙的力量加入到它们的队伍中来，而在西欧各国眼中，只有给予它们援助的美国才有这个能力。同样，美国也正寻找着具有相同利益的伙伴与其联盟。1948年6月，柏林危机爆发，美国和西欧各国联合的决心更加坚定了。

1948年7月6日，美国、英国、法国、加拿大、比利时、荷兰、卢森堡7国代表在华盛顿举行会议，讨论建立北大西洋安全体系问题。虽然各国的最终目的一致，但他们在会议中还是为了多为己国争得一些利益而争吵不休。最后，参会各国通过了《北大西洋公约》，这一公约除了序言外，还包括 14 项条款。为了吸引更多的国家参加到这个公约中来，各国并没有在这一公约上签字。

1949 年 4 月，在美国的提议下，美、英、法、意、比、荷、卢、丹、挪、加、葡和冰岛在内的 12 国外长在华盛顿再次集会，签订了《北大西洋公约》。公约规定：各国进行集体防御，当一国遭到武装进攻时，其他缔约国应采取视为必要之行动，包括武力之使用，协助被攻击之一国或数国以恢复并维持北大西洋区域之安全。西方各国还根据《北大西洋公约》成立了北大西洋公约组织，该组织有统一的军队，司令部设在比利时的布鲁塞尔，首届司令官由美国将军艾森豪威尔担任。北约的最高权力机构是北约理事会，由成员国国家元首、外长或是国防部长组成。此外，北约的主要组织机构还有防务计划委员会、常设代表理事会、军事委员会、国际秘书处等。

北约是一个政治联盟，最终的目的是遏制苏联。而美国总统杜鲁门在出席签字仪式上的讲话却把这一组织的建立形容成是一种反侵略的盾牌，甚至美其名曰“希望用它来防止第三次世界大战，如果在 1914 年和 1939 年有这样的公约存在，那么曾把世界推入两次战争浩劫的侵略行为就不会发生了”。

北大西洋公约组织成立后，西方一些国家又相继加入，其中，希腊、土耳其于 1952 年，联邦德国、西班牙分别于 1955 年、1982 年加入北约。1999 年，波兰、捷克、匈牙利 3 国也加入北约。

北约就重大国际问题进行磋商合作，协调立场，加强集体防务，每年举行各种联合军事演习。北约拥有大量核武器和常规部队，是西方的重要军事力量。这是资本主义阵营在军事上实现战略同盟的标志，是马歇尔计划的发展，使美国得以控制欧洲的防务体系。

## 《华沙条约》

北约组织使苏联感到自身面临着严重的威胁。1949 年 1 月 29 日，苏联外交部针对美国国务院的声明进行严厉谴责，把北约称作“美国和英国统治集团推行侵略政策的主要工具”。此后，苏联在各种场合都猛烈地抨击北约组织，并向联合国大会提出上诉。1954 年 10 月 23 日，西方国家签订了《巴黎协定》，允许联邦德国建立正规军，并加入北大西洋公约组织，公开重新武装德国。11 月 13 日，苏联政府立即向以美国为首的西方国家发布照会，要求它们不要批准《巴黎协定》，并建议召开全欧洲会议，讨论防止德国军国主义的复活问题，但遭到西方国家拒绝。11 月 29 日 ~12 月 2 日，苏联召集阿尔巴尼亚、保加利亚、匈牙利、波兰、民主德国、捷克斯洛伐克和罗马尼亚等东欧七国政府代表在莫斯科会聚，警告西方国家，一旦《巴黎协定》被批准，苏联与东欧国家将采取共同措施，组建联合武装。但西方国家对苏联的警告置若罔闻。1955 年 5 月 5 日，《巴黎协定》正式生效。5 月 14 日，苏联与东欧七国在波兰华沙签订了友好互助合作条约，称为《华沙条约》，简称“华约”。

华沙条约组织具有军事同盟的性质。条约规定：当缔约国之一遇到武装威胁时，其他缔约国应采取一切必要的方式给予援助；设立统一的武装部队司令部和政治协商委员会；缔约国不参加与华约相反的任何联盟或同盟，不缔结与华约相反的任何协定。华约还欢迎一切赞同该条约的国家参加。

图为1957年赫鲁晓夫出访捷克斯洛伐克时的场面。

华约组织的主要机构有政治协商委员会和联合武装部队司令部。前者由缔约国各派一名政府成员或一名特派代表参加，负责审议一切重要的政治、军事问题。从1960年以后，政治协商委员会一般由各缔约国执政党的第一书记或总书记以及政府首脑、外交部部长、国防部长和华约联合武装部队总司令参加。联合武装部队司令部负责统率根据缔约国各方协议拨归其指挥的各国武装部队。上述两机构总部均设在莫斯科。

华约的建立使东、西方最终形成了两个对立的军事集团，使两大阵营带有强烈的军事对抗色彩，从而使冷战的气氛更加凝重。

华约组织后来成为苏联控制东欧的工具。1968年8月，苏联以华沙条约组织名义，出兵侵占了捷克斯洛伐克。同年9月阿尔巴尼亚退出该组织。1990年10月，民主德国并入联邦德国，民主德国不复存在。1991年4月1日，华约组织宣布解散其军事机构，7月1日，华约6个成员国领导人在布拉格签署议定书，宣布华约结束。至此，华沙条约组织正式解散，两大阵营的对峙宣告结束。

## 欧洲共同体

欧洲共同体是一个联合的政治和经济集团，包括欧洲煤钢共同体、欧洲经济共同体和欧洲原子能共同体，其中以欧洲经济共同体最为重要。

20世纪50年代中期，资本主义经济迅速发展，美国与西欧国家的力量对比发生了变化：西欧一些国家利用“美援”和美资，进行了大规模经济重建工作，使经济迅速恢复和发展起来，而此时美国的经济则开始衰退。

自第二次世界大战后，美国一直把西欧作为主要销售市场，西欧国家经济恢复和发展后，力求摆脱美国控制，维护自己的市场。要实现这个目的，建立一个排他性经济集团势在必行。大垄断集团之间也相互结合，彼此渗透，建立起了一些跨国垄断组织。同时，它们也要求各国资本、劳动力和技术互相流通，打破国界，扩大市场。应这种形势的要求，欧洲共同体得以建立。

20世纪70年代前期，有更多的国家加入欧洲共同体。

1950年5月9日，法国外长舒曼主张把法国和联邦德国的煤炭与钢铁工业置于一个“超国家”机构领导下，形成一个一体化国际组织，即建立欧洲煤钢共同体，还欢迎欧洲其他国家加入该组织。舒曼的倡议很快得到了联邦德国和西欧一些国家的响应。1951 年 4 月 18 日，法国、联邦德国、意大利、荷兰、比利时、卢森堡 6 国外长在巴黎签订《欧洲煤钢共同体条约》，条约规定，建立 6 国煤钢共同市场，取消各种关税限制，调整各类煤、铁及钢的生产和销售。《欧洲煤钢共同体条约》于 1952 年 7 月 25 日生效，有效期 50 年。随着《欧洲煤钢共同体条约》的生效，欧洲煤钢共同体问世了。

欧洲煤钢共同体建立后，建立一个更为完整和广泛的经济共同体被提上了议事日程。1956 年 10 月 21 日，欧洲煤钢共同体 6 个成员国外长再一次齐聚巴黎，讨论成立“欧洲原子能共同体”和建立欧洲“共同市场”等问题。1957 年 3 月 25 日，6 国外长在意大利罗马签订《欧洲原子能共同体条约》和《欧洲经济共同体条约》。这两款条约于 1958 年 1 月 1 日生效，同时，欧洲经济共同体和欧洲原子能共同体成立。《欧洲经济共同体条约》的主要内容包括：各成员国间建立关税同盟，逐步建立起统一的对外关税率和贸易政策；制定共同竞争规则，消除各种限制和歧视竞争的协定和制度；实现共同市场内部商品、劳动力和资本的自由流通，等等。条约还规定设立欧洲投资银行，设立欧洲社会基金。

1965 年 4 月 8 日，上述 6 国在布鲁塞尔召开会议，签订了《布鲁塞尔条约》，决定将欧洲煤钢共同体、欧洲原子能共同体和欧洲经济共同体合并为统一的机构，统称欧洲共同体。

欧洲共同体的总部设在比利时首都布鲁塞尔，欧洲议会秘书处和欧洲法院设在卢森堡。欧洲共同体的主要机构有：部长理事会、欧洲理事会、欧洲议会、执行委员会、欧洲共同体法院、审计院、经济社会委员会、欧洲投资银行等。其中，部长理事会是最高的决策机构，欧洲议会是监督和咨询机构。

欧洲共同体成立后，于1973年接纳英国、爱尔兰、丹麦为正式成员国，1981年和1986年又接纳了希腊和西班牙、葡萄牙为正式成员国，1995年，瑞典、奥地利和芬兰也加入欧洲共同体。此后，又相继有欧洲国家加入。

欧洲共同体作为一个经济、政治实体，同世界上130多个国家和地区建立了正式关系。在不少国家和国际组织中派驻了代表团，各国也派遣外交官驻欧洲共同体。中国与欧洲共同体于1983年11月全面建立正式关系，并派驻了大使。

欧洲共同体已经成为当代国际关系中一支重要的经济、政治力量。欧洲共同体在实施经济一体化和政治一体化方面的主要活动包括：建立工业品关税同盟和实行统一的外贸政策，实施共同的农业政策，走向经济和货币联盟，统一对外渔业政策，统一预

**欧盟盟旗**

欧洲经济共同体将过去处于激烈竞争之中的各国联合了起来，为创造一个和平的未来奠定了架构。1951年建立的欧洲煤钢联营是欧洲经济共同体成立的基础，成立之初，它的成员国只有6个：西德、法国、意大利、比利时、荷兰以及卢森堡。1957年时，欧洲经济共同体成立，1967年时，欧洲经济共同体更名为欧洲共同体，1993年更名为欧洲联盟。到1986年，欧共体拥有12个成员国，随着这一组织的扩大，到2004年时，它拥有的成员国数达到了25个。

算，加强政治领域的合作，等等。

1993年，《欧洲联盟条约》的签订标志着欧共体的发展进入了一个新时期，根据内外发展的需要，欧洲共同体正式易名为欧洲联盟。

## 朝鲜战争

第二次世界大战后期，苏美两国在朝鲜半岛协同对日作战，以北纬38度线为界将其分为南北两部分。1945年8月，反法西斯战争胜利，美苏两国商定仍以38度线为界进驻朝鲜南北，接受日本的投降。1948年8月，朝鲜南半部建立以李承晚为总统的韩国；9月9日，北部建立朝鲜民主主义人民共和国。朝鲜形成了南北分裂的局面。南北双方小规模冲突不断。

1950年6月25日，朝鲜战争爆发。

战争爆发的当天，美国利用苏联抵制安理会而不参加会议的机会，操纵安理会通过决议，并于27日派兵介入并武力封锁台湾海峡。7月7日，美又借联合国名义，组建"联合国军"，任命驻远东美军司令麦克阿瑟为联合国军总司令。

虽然美军已投入战争，并占有制空权，但勇猛的人民军冒着美空军的狂轰滥炸和猛烈的阻击，横穿汉江，强渡锦江，20日在大田歼敌3.2万余人。8月8日，人民军抢渡洛东河，重创美军，把敌人压缩在釜山沿岸地带。

9月，麦克阿瑟指挥联合国军在其舰队重炮和飞机的轰炸掩护下，实施大规模进攻。一方面组织釜山残军进行反攻，一方面率其主力从仁川登陆发起总攻，企图切断人民军的退路。补给困难、连续作战而疲惫的人民军防线不断被突破，人民军于10月1日被迫退回三八线以北。“联合国军”趁势从东、南向平壤实施钳形进攻，在空降兵的配合下，于19日攻占平壤。联合国军继续把战火向中朝边境鸭绿江畔扩大，并轰炸了中国村庄，中国安全受到严重威胁。

在朝鲜的请求下，10月初，中国人民志愿军跨过鸭绿江，投入抗美援朝、保家卫国的战争。

25日，志愿军利用“联合国军”尚未发现其入朝，正分兵冒进的有利时机，采用运动歼敌策略，给敌人以突然性打击，一举将其驱逐到清川江以南。接着，志愿军采取积极防御，诱敌深入，创造有利条件，以运动战为主，并与部分阵地战、游击战相结合的方针，避强击弱。在敌人机群狂轰滥炸中，志愿军克服交通线被毁、供应不足、气候寒冷等困难，英勇与“联合国军”周旋，连续4场战役告捷，围歼重创大批敌人，迫使“联合国军”从总攻击变成总退却。到1951年6月10日止，共歼敌23万人，其中美军11万余人，扭转了战局，双方战线稳定在三八线附近。此时，麦克阿瑟被免职。23日，苏联提出和平解决朝鲜问题，交战双方予以接受。

7月10日，朝鲜停战谈判开始。美国为使朝、中在谈判中屈服，策划了夏季和秋季攻势。“联合国军”利用海、空优势实施以轰炸封锁交通运输线、切断中朝联军供给为目的的绞杀战和旨在制造疫区、企图削弱战斗力的细菌战。中、朝军队采取持久作战、积极防御的战略，由运动战为主转为阵地战为主。利用不同地形构筑坑道、修建野战工事，阵地防御和运动反击相结合，消耗、疲惫联

中国人民志愿军雄赳赳，气昂昂，跨过鸭绿江。

合国军。在打小歼灭战的思想指导下，积少成多，大量消灭敌人的有生力量。中国志愿军与后备军轮番入朝作战，空军得到苏联的支持，两年内歼敌 72 万人，其中美军近 30 万。

1953 年 7 月 27 日，美国被迫签订停战协议，历时 3 年多的朝鲜战争结束。

朝鲜战争确立了朝鲜半岛的军事分界线，这场战争的胜利，打破了美帝国主义不可战胜的神话，新中国的国际威望空前提高。这次战争也极大地鼓舞了世界殖民地、半殖民地人民的民族解放战争。坑道与野战工事相结合的防御体系丰富和发展了攻防作战理论，喷气式飞机的运用为作战方式带来新气息。

## 万隆会议

1955 年 4 月 18 日，印度尼西亚的万隆沉浸在一片喜气之中。市礼堂前，一阵礼炮声过后，操着各种语言的代表们步入礼堂，

万隆会议会址

举手投足之间尽是喜悦。原来，这里将举行一场国际盛会，这是历史上第一次由亚非国家自行发起召开而没有帝国主义国家参加与操纵的国际会议，这次会议由于在万隆召开，因此被称为万隆会议。

第二次世界大战后，亚非的许多国家都摆脱了帝国主义国家的殖民统治，赢得了政治上的独立。但是，由于长期的奴役，这些国家在经济上与帝国主义存在着千丝万缕的联系。为了彻底摆脱帝国主义的控制，将命运真正握在自己手中，许多亚非国家认识到，只有制定一个针对帝国主义和殖民主义的共同纲领，才能保卫民族解放运动的胜利成果。

1954 年 4 月，印尼总理沙斯特罗 · 阿米佐约在南亚 5 国（印尼、缅甸、印度、斯里兰卡、巴基斯坦）总理会议上提出了“举行一次更广泛的亚非国家会议的可能性”的建议，与会代表对此表示支持。此后，印尼、印度、缅甸、中国等国都为召开非亚国家代表会议做着努力。1954 年 12 月底，南亚 5 国总理在印尼茂物举行会议，决定联合发起亚非会议，邀请一些新独立的亚非国家和地区参加，并把反对殖民主义、争取和保障民族独立、促进世界和平、推动亚非国家的团结与合作、维护民族自主权等作为会议宗旨。

但是，帝国主义反对势力对亚非的独立进行了阻挠。看到独立趋势不可阻挡，他们便又对亚非国家的团结进行破坏。

万隆会议还是如期举行了。参加这次会议的除5个发起国和中国外，还有阿富汗、柬埔寨、老挝、约旦、苏丹、泰国、土耳其、伊朗等共计29个国家和地区的代表参加。美国虽然没有被邀，但却派遣了一个庞大的记者团参会。

印尼总统苏加诺致开幕词说："这是人类有史以来第一次有色人种的洲际会议。为了反对殖民主义和种族主义，亚非国家应该联合起来。我们并不是要建立反对其他集团的集团，而是为亚非各国乃至全人类找出一条通向和平的道路。亚非国家在世界政治舞台上发出呼声的时刻已经到来了……"

苏加诺激昂的情绪把与会代表的热情都带动了起来，会议在友好的气氛中进行着。

4月24日，万隆会议举行了最后一次全体会议，通过了《亚非会议最后公报》，就亚非国家共同关心的问题达成了协议。公报还提出和平共处和友好合作的"十项原则"。

在万隆会议之后，亚非各国争取和维护民族独立的斗争更加深入，越来越多的国家奉行和平独立的外交政策。

## 非洲独立运动

第二次世界大战前，非洲的土地上只有3个名义上的独立的国家，它们是埃塞俄比亚、利比里亚和埃及。第二次世界大战后，长期受奴役的非洲国家由于经济发展水平低下，民族独立运动一直不如亚洲进展得快。

就整个非洲来说，民族独立运动发展的状况，北部非洲要比南部非洲发展得早。从 20 世纪 50 年代中期开始，非洲北部和东北部的民族解放运动迅速展开。1956 年，摩洛哥和突尼斯从法国殖民者的统治下获得独立，面积最大的苏丹也摆脱了半个多世纪的英国殖民统治，迎来了独立。

1957 年独立的加纳是第二次世界大战后撒哈拉沙漠以南非洲黑人国家中最早摆脱殖民统治的一个国家。

加纳在独立前被称为“黄金海岸”，于 20 世纪初沦为英国殖民地。第二次世界大战前，黄金海岸的人民就已经开始了反对英国殖民者的斗争。第二次世界大战后，独立的呼声在黄金海岸越来越高。为了缓和与殖民地的矛盾，英国殖民当局推行“宪法改革”，并表示要在立法会议的选举中增加非洲人的名额。实际上，这种做法并没有改变黄金海岸殖民地的地位。

1947 年，黄金海岸民族主义者成立了黄金海岸统一大会党，恩克鲁玛当选为总书记。统一大会党一面抵制英国扶植的傀儡政府，一面组织和发动群众，壮大自己的力量。

1948 年 2 月，统一大会党参加了在黄金海岸首都阿克拉爆发的大规模群众抗议运动。在英国殖民当局的武装镇压下，有 260 多人死伤，恩克鲁玛被逮捕。英国殖民当局的这种做法激起了广大人民更强烈的反抗，更大规模的运动开始了。一个多月后，恩克鲁玛被释放。这时候，英国殖民当局又想出了另一个方法，通过利诱的方式把统一大会党不坚定的一部分人拉拢到了自己一方。1949 年 6 月，恩克鲁玛成立人民大会党，继续领导黄金海岸的独立斗争。

第二年春，在人民大会党的发动下，黄金海岸开展运动反对英殖民当局公布的“库赛宪法草案”，要求实现自治。英国殖民当局在强大的人民斗争浪潮下，不得不向黄金海岸人民做出让步，允许黄金海岸举行历史上的第一次大选，人民大会党在选举中获得多数席位。1952 年 3 月，恩克鲁玛任内阁总理。1957 年 3 月，黄金海岸宣布独立，改国名为加纳。

肯尼亚独立梦终于实现，图为英国菲利普亲王向乔莫·肯雅塔祝贺国家独立。

加纳的独立，有力地推动了非洲民族独立运动的深入发展。1958 年 10 月，几内亚在几内亚民主党和塞古·杜尔的领导下摆脱法国的殖民统治宣告独立，并成立共和国，杜尔当选为首任总统。

1960 年 6 月 14 日，非洲独立国家第二次会议在埃塞俄比亚首都亚的斯亚贝巴举行。会议就支持阿尔及利亚人民的斗争、谴责南非的种族歧视政策等问题进行了讨论，并决定建立一笔基金，以援助非洲殖民地的民族解放运动。此后，非洲民族独立潮流汹涌澎湃。仅 1960 年这一年，就有 17 个国家获得独立，其中包括喀麦隆、马达加斯加、扎伊尔、索马里、加蓬、尼日利亚、毛里塔尼亚、多哥等。人们通常把这一年称为“非洲独立年”。

鉴于民族解放运动轰轰烈烈的发展形势，1961 年 3 月 25 日，第三届全非人民大会在埃及开罗召开。来自非洲 32 个国家的 67

个代表团围绕着遏制新殖民主义、清除帝国主义最后的老根这一主要问题进行了激烈讨论，通过了“关于新殖民主义和联合国”“关于附属国的解放”“关于非洲统一和团结”等决议。此外，大会还通过了支持肯尼亚、安哥拉、尼亚萨兰、莫桑比克等殖民地人民反对殖民统治和争取民族独立斗争的决议。

在第三届全非人民大会的指引下，从1961年到1968年，又有15个国家赢得了民族独立。这些取得独立的新兴国家，在同殖民主义残余势力斗争的同时，努力发展本国的民族经济，反对帝国主义和新殖民主义的侵略，争取实行独立自主的外交政策，并给未取得独立的国家以各种支持。

20世纪70 ~ 80年代，非洲9国获得独立，90年代，纳米比亚独立，至此，非洲民族独立运动取得最终胜利。

## 猪湾事件

古巴的猪湾景色秀丽，一片片茂密的红杉树显得格外抢眼，游客们在海滩上缓缓地散着步，一派悠闲之态。而多年前的春天，这里曾发生过震惊世界的猪湾事件。

1959年，菲德尔·卡斯特罗领导古巴人民推翻了巴蒂斯塔独裁政权，摆脱了美国长达60年的控制。随后，卡斯特罗宣布成立古巴临时革命政府，并出任古巴总理兼军队总司令。为了摆脱国内严重的经济困难，卡斯特罗很希望得到美国的经济援助。1959年4月，卡斯特罗曾以私人身份访问了美国，当他提出要求后，遭到了美方的拒绝。5月，在美洲国家组织的经济委员会议上，

卡斯特罗的军队成功击败了美国雇佣军的入侵。

卡斯特罗的这一要求再次遭到了美国的拒绝。在得不到外援的情况下，卡斯特罗便在古巴大刀阔斧地实行社会主义改革：没收外国资本，实行经济独立，对外坚持独立自主，并发展和社会主义国家的友好关系。

1960 年，美国政府宣布停止进口古巴食糖。古巴是产糖大国，要靠食糖的出口来换取进口物资和外汇，而美国则占了古巴出口食糖的 60%。卡斯特罗向社会主义大国苏联伸出了求助之手。

苏联大批的食糖订单使美国的计划破产了。10 月，美国宣布对古巴实行全面禁运，古巴则宣布将美国在古巴的财产收归国有，两国关系严重恶化。

1960 年底，美国总统艾森豪威尔接受美国中央情报局的提议，招募流亡在海外的古巴人，把这些流亡者送到危地马拉的一个偏僻山谷，对他们进行训练并提供装备，组成“古巴旅”，随时准备对古巴发动突然袭击。

1961 年 1 月，新总统肯尼迪刚一上台，就加紧了对古巴的颠覆行动。4 月 17 日，美国中央情报局实施了一项代号为“猫鼬行动”的旨在推翻卡斯特罗的计划。黎明时分，由 1400 名古巴流亡分子组成的“古巴旅”在美国飞机和军舰的掩护下，于古巴南端的猪湾登陆，并继续向北推进，试图在古巴制造内乱，推翻卡斯特罗政府。

然而，“古巴旅”对猪湾的突然袭击并没有使古巴出现混乱局面。相反，在卡斯特罗的指挥下，古巴军队和民兵与入侵的敌人展开了殊死搏斗。卡斯特罗把猪湾附近一座制糖厂改成了临时指挥部，他高声对他的战友们喊道：“击沉所有的船只！胜利是属于我们的！”卡斯特罗非常镇静，古巴军民也异常英勇。而美国雇佣军方面则相形见绌：停泊在猪湾的船只被古巴方面的轰炸机炸沉，4 架 B–26 轰炸机被击落，前去进行空袭的 6 架 B–26 轰炸机由于天气原因没有成功。

为了挽救陷在猪湾的“古巴旅”，美国政府命令驻扎在加勒比海地区的美国空军掩护从尼加拉瓜起飞的 B–26 轰炸机对古巴进行轰炸。但这并没有改变“古巴旅”失败的命运，4 月 19 日，即“古巴旅”登上猪湾 72 小时之后，便遭到了全军覆没的惨败。

猪湾事件的第二天，苏联领导人赫鲁晓夫就写信给美国总统肯尼迪，呼吁美国停止对古巴的侵略，并向美国政府发出警告，如果美国继续侵略行为，苏联将向古巴提供反击侵略所需要的一切帮助。猪湾事件发生后，古巴政府也对美国提出了强烈的抗议。然而，美国政府却一再否认美国并没有参与策划和发动猪湾事件，并声称这一事件只不过是“古巴爱国者的杰作”。

不过，美国中央情报局局长艾伦·杜勒斯随后的辞职却向世人昭示了这一事件的真相。

## “布拉格之春”

1968年8月20日晚11时，捷克斯洛伐克首都布拉格的鲁津机场值班人员突然收到一架苏联客机发来的信号：飞机发生故障，希望在鲁津机场紧急降落。值班人员没有丝毫犹豫，立即向苏客机发出命令，同意迫降，并采取措施，引导苏联飞机在机场降落。苏联客机安全降落后，并没有停在跑道上，而是直接开到机场指挥塔附近。从飞机上下来的是几十名穿着统一服装、提着统一样式行李箱的“乘客”，鲁津机场上的工作人员并没有表示怀疑。突然，这些“乘客”从行李箱中拿出武器，迅速控制了机场的指挥系统，机场的工作人员来不及做出任何反应，就成了苏军的俘虏。随后，装载着坦克和苏军部队的大型运输机一架接一架地降落在鲁津机场，荷枪实弹的苏军开着坦克和装甲车向布拉格冲去，占领了布拉格的各个战略要地，并包围了捷共中央大厦、布拉格广播电台和总统府等。

与此同时，苏、波、匈、保、民主德国5个国家的30多万军队从各个方向开入捷克境内，24小时内，捷克全境被外国军队占领。

1968年8月，“布拉格之春”临近结束时的状况。

一位布拉格市民爬上坦克抗议苏联军队的入侵。

苏联不是与捷克斯洛伐克一直处于友好状态吗？为什么苏联会用如此的手段突袭捷克呢？

在东欧国家中，捷克斯洛伐克的工业基础原本比较发达，但第二次世界大战后走上了苏联模式的社会主义道路，国内建设方面照搬苏联经验，对外政策方面也追随苏联，造成了严重的社会弊端，使原来的优势日趋衰退。到20世纪60年代，捷克斯洛伐克的经济形势恶化，群众纷纷表示不满，要求改革的呼声也越来越高。

1968年1月，在捷共中央全会上，担任捷克第一书记14年之久的诺沃提尼在选举中落败，他的职位由杜布切克接任，杜布切克的上台预示着捷克斯洛伐克内外政策的重大变动。诺沃提尼不甘心失败，企图策划军事政变，事情败露后被迫辞去总统职务。

杜布切克上台后，积极倡导改革，发展捷克斯洛伐克的经济。1968年4月，捷共中央全会通过了指导捷克斯洛伐克进行全面改革的《行动纲领》，宣布将进行试验，建立一种十分民主的、适合捷克斯洛伐克条件的社会主义新模式。

在经济体制改革方面，《行动纲领》强调，除了继续扩大企业权限，使企业成为独立的经营单位外，还要成立“工人委员会”，以行使企业自主权；在政治体制改革方面，《行动纲领》确认国民议会为国家的最高权力机关和唯一的立法机构，实行党政分开，并使人民群众享有充分的言论自由。《行动纲领》把政治体制改革同经济体制改革结合起来，在当时的东欧国家中独树一帜，表现出创新和探索精神，捷克人民把随之出现的改革局面亲切地称为“布拉格之春”。

捷克斯洛伐克进行的这场轰轰烈烈的改革，使苏联感到了不安。苏联方面认为，捷克的改革背离了苏联共产主义正统的道路，是反苏的自由化运动。为了防止东欧其他社会主义国家加以效仿，以勃列日涅夫为首的苏联领导人决心对捷克改革加以扼杀。

1968 年 3 月 ~ 8 月，勃列日涅夫及华沙条约国家其他领导人先后同杜布切克举行过 5 次高层会谈，试图说服杜布切克改变方针，放弃改革。面对各方面的压力，杜布切克没有屈服。勃列日涅夫决定以华约军事演习为名，对捷克进行军事干涉。

面对苏联的这一粗暴行为，捷共中央发表了杜布切克起草的《告全国人民书》，谴责苏联“这种入侵不但违反了社会主义国家之间关系的基本原则，还破坏了国际法的基本准则”，号召人民保持冷静，不要抵抗前进中的外国军队。

但是，苏联的行径激起了捷克人民的愤慨，他们已经无法保持冷静。布拉格的市民涌上街头，举行游行示威，并高呼“我们不愿屈膝求生”“我们要真理”等口号。

苏军冲进捷共中央大厦，逮捕了杜布切克等捷共领导人，并押解到莫斯科。

8 月 25 日，苏联与被捕的捷克领导人举行谈判，苏方向捷克提出了 16 点要求，并逼迫捷方领导人签字。在苏联的高压下，杜布切克等人被迫做出了让步，先后在《苏捷会谈公报》和《关于暂驻捷克斯洛伐克社会主义共和国境内的条约》，使苏军对捷克的占领合法化。

就这样，“布拉格之春”在来自克里姆林宫的凛冽寒风中夭折了。

## 古巴导弹危机

卡斯特罗领导的古巴新政府成立后，美国政府担心距离美国佛罗里达南端只有90多千米的古巴将成为苏联威胁美国的桥头堡。所以，美国中情局一直秘密训练古巴流亡分子，准备登陆古巴，推翻卡斯特罗政权。1961年初，在美国中央情报局的策划下，1400名古巴流亡分子组成“古巴旅”，在美国飞机和战舰的掩护下在猪湾登陆，企图颠覆古巴政权。但“古巴旅”刚一登陆，便遭到了古巴革命军事武装的迎头痛击。

1962年7月，古巴国防部长前往莫斯科请求苏联对古巴实行军事援助。苏联方面立即应允，并秘密地与古巴达成协议：苏联提供的军事援助中，常规武器归古巴所有，导弹、核弹由苏联掌握。古巴开始在极其保密的情况下建立导弹发射基地。

美国总统肯尼迪早就对古巴与苏联的关系心生疑虑，恰在这时，美国中央情报局侦察到苏联正用货船向古巴运送导弹。肯尼迪意识到问题的严重性，立即召集由国务院、国防部、中央情报局、参谋长联席会议等方面的负责人和一批顾问参加的紧急会议。会上，有的人主张实行海上封锁，有的人主张采取进行军事打击。

1962 年 10 月 22 日，肯尼迪宣布实行海上封锁，并且要求苏联立即撤除核导弹。

最后，肯尼迪考虑到苏联实力的强大，决定对古巴实行海上封锁，为了避免与国际上的其他国家产生摩擦，美国对外宣称这次行动为“海上隔离”。此外，美国还在佛罗里达集结重兵，数百架战略轰炸机随时待命。

10 月 22 日，肯尼迪发表电视讲话，向全世界宣布了苏联在古巴建立进攻性导弹发射场的消息。肯尼迪称，苏联的这种做法极大地威胁到了包括美国在内的西半球，为安全着想，美国会采取相应行动，迫使苏联把导弹撤出西半球，而“海上隔离”只是行动的第一步。与此同时，肯尼迪还命令部署在加勒比海域的 180 艘美国舰只，对前往古巴的船只进行拦截和检查。美国海外的军事基地以及潜艇上的导弹也进入了戒备状态，并通过卫星追踪站密切监视苏联在古巴境内的一切军事活动。

苏联领导人赫鲁晓夫看到建设导弹基地的计划已经被美国人识破，忙下令加快向古巴运送导弹，并发表声明，如果苏联船只遭到拦截，苏联将会予以回击。此刻，在赫鲁晓夫的命令下，一支由 25 条商船和战舰组成的苏联船队正向美国海军的警戒线冲来。随着双方距离的拉近，战争一触即发。

10 月 24 日，美国对古巴实施的“海上隔离”正式开始。美军舰队在执行任务的时，与两艘苏联货船相遇，双方在海上形成了对峙。

最终，肯尼迪的强硬态度还是使赫鲁晓夫退却了。当苏联船只在即将到达美国警戒线时，突然停了下来，随即掉头返航。

10 月 25 日，在联合国的调停之下，赫鲁晓夫表示愿意停止向古巴运送武装。赫鲁晓夫还致信肯尼迪，要求美国解除对古巴的封锁，并保证不再入侵古巴，防止危机升级。肯尼迪思量再三，表示同意赫鲁晓夫的建议。

10 月 28 日，莫斯科电台广播了赫鲁晓夫的决定：苏联已经停止在古巴的导弹发射场施工，下令撤除这些武器并包装运回苏联，等等。随着这一消息的发布，古巴导弹危机最严重和最危险的时刻终于过去了。

12 月 6 日，苏联运走了在古巴的全部导弹和轰炸机。经过核实后，美国也宣布解除对古巴的海上封锁。

古巴导弹危机是美、苏争夺霸权的结果，也是战后美苏关系的一个转折点。

## 不结盟运动

第二次世界大战后，殖民地、半殖民地人民开始觉醒，民族解放运动和各国人民反帝、反殖民主义革命运动蓬勃发展，特别是中国解放战争的胜利和 1955 年万隆会议的召开，把亚、非民族解放运动推向了新的高潮。到 20 世纪 60 年代初期，已经有 40 多个国家先后摆脱殖民枷锁赢得了独立。仅 1960 年一年的时间，撤

铁托

尼赫鲁

苏加诺

哈拉以南非洲就有 17 个国家宣告独立，这些新独立的国家大都选择了独立自主、和平中立、不结盟的发展道路。另一方面，西方帝国主义之间和与苏联的对抗对新兴国家的独立、主权和安全形成越来越大的威胁。在这种形势下，一些有声望的民族独立运动的领袖萌发了建立不结盟国家组织的想法。

1956 年 7 月 18 日，印度总理尼赫鲁、埃及总统纳赛尔和南斯拉夫总统铁托在布里俄尼举行政治会晤。20 日，三国领导人发表了一项《联合声明》，表示拥护万隆会议提出的和平共处五项原则，坚持民族独立，反对加入军事集团，主张“继续并且鼓励奉行不同政策的各国领袖之间的接触和意见交换”。此后，三国领导人进行了长达 4 年的酝酿和讨论，并在 1960 年第 15 届联合国大会期间，与加纳总统恩克鲁玛和印度尼西亚总统苏加诺协商召开不结盟会议事宜。1961 年上半年，铁托对非洲 9 个第三世界国家进行了访问，提出关于举行不结盟国家首脑会议的建议。

在第三世界国家领导人的积极努力下，1961 年 6 月，20 个国家的代表参加了在埃及首都开罗召开的不结盟国家首脑会议的筹备会。在这次会议上，代表们各抒己见，最后一致通过了参加不结盟国家首脑会议的5项标准，其中包括：执行以和平共处和不结盟基础上的独立政策；支持民族解放运动；不参加大国军事同盟；不与大国缔结双边军事条约；不在本国领土上建立外国军事基地，等等。这5项规定使万隆会议的精神从深度和广度上都得到了发扬。

9月1日，南斯拉夫首都贝格尔莱德张灯结彩，沉浸在一片欢腾之中。不同肤色的人们聚集一堂，参加首届不结盟国家和政府首脑会议。参加这次会议的有25个正式成员国家，此外还有3个国家作为观察员列席会议，与会国家一致通过了《不结盟国家的国家元首和政府首脑宣言》。宣言指出："只有根除殖民主义、帝国主义和新殖民主义的各种表现形式之后，持久和平才能实现"，呼吁"与会各国全力支持阿尔及利亚、安哥拉、突尼斯、古巴以及其他为争取和维护民族独立而斗争的各国人民"，要求"各大国签订全面彻底的裁军条约"以缓和紧张的国际局势，认为"不结盟国家应该参与有关世界和平与安全"的国际问题的解决，强调"各国之间的经济合作"。这次不结盟国家和政府首脑会议的召开，标志着不结盟运动的正式形成，促进了第三世界的兴起和壮大。

不结盟运动形成以后，得到了亚非拉国家的积极响应，运动规模也越来越大，自1961年至1990年，先后召开了9次首脑会议。在1964年的第二次会议上，通过了关于不结盟运动的宗旨和《和平和国际合作纲领》。宗旨共有11条，其中包括反对种族歧视和种族隔离政策、尊重各国主权及领土完整、不以武力相威胁或使用武力解决国际争端、禁止一切核武器试验、推动经济发展和加强合作，等等。

此后，不结盟运动逐渐走向制度化，规定每隔 3 年召开一次首脑会议，由会议东道国领导人任首脑会议主席，任期 3 年。会议主席还可以代表不结盟运动向联合国提出不结盟国家的决议。20 世纪 60 年代时，参加不结盟运动的大都是亚、非国家，欧洲只有南斯拉夫，拉美只有古巴。但到 1979 年，非洲国家（除南非外）全部加入到不结盟行列。1983 年，已有 119 个国家加入不结盟运动，占当年联合国 158 个成员国中的 3/4。

不结盟运动反映了第三世界国家人民要求掌握自己的命运、维护和平、致力于发展的历史潮流，具有强大的生命力，在国际舞台上发挥着越来越重要的作用。

## 越南战争

越南原为法国殖民地，第二次世界大战期间被日军占领。日本投降后，胡志明在河内建立了越南民主共和国。法国为恢复其殖民统治，发动了侵越战争。越南人民打败了法国侵略军。

1954 年日内瓦会议后，越南北方获得解放。而在越南南方，美国扶植建立了吴庭艳傀儡政权，并于 1955 年成立“越南共和国”，吴庭艳任总统兼总理。吴庭艳上台后，5 年内残害革命者 8 万余人。在越共的领导组织下，1960 年 12 月 20 日，以越共为核心的人民解放武装力量组建起来。1961 年 5 月，开始了越南人打越南人的“特种战争”。1962 年 2 月，美国在西贡设立军事司令

1972 年 6 月，美军一颗凝固汽油弹误投到南部壮庞村所造成的令人惨不忍睹的景象。

越战期间，美国向越南投下了 800 万吨炸药，远超过第二次世界大战各战场投弹量的总和，这场战争造成越南 160 多万人死亡和整个中印半岛 1000 多万难民流离失所，家破人亡、妻离子散的场景随处可见。

部，由保罗·哈金斯将军指挥。1963 年 1 月，美荻省丐礼县北村击伤、击落美直升机 15 架，到年底，共打死打伤美军 2000 余人，南方大部分地区获得解放。1963 年 11 月，美国策划政变，杀死吴庭艳。1964 年初，“特种战争”宣告结束。1964 年 8 月 5 日，美国借口其驱逐舰“马多克斯”号在越南领海被北越鱼雷袭击，制造了“北部湾事件”。美军开始对北部义安、清化、鸿基等地进行连续空中轰炸，企图以“逐步升级”的局部战争取代原来的“特种战争”，以挽回败局。接着，美军实行焦土政策，对北方进行大规模的轰炸，对南方不断增兵。

越南群众极其愤怒，他们采用奇袭战、游击运动战、伏击战，围点打援，给美军及伪军沉重打击，歼灭美军 6000 余人。

1968 年 1 月 30 日，越南南方人民武装开始对大中城镇进行攻击，对西贡、岘港、顺化等 64 个城市展开全面的“新春攻势”。

45昼夜的激战，赢得了新春大捷。美军虽然拥有各种兵种54.5万人，但在战场上完全陷入被动防御。

1968年3月11日，美国被迫提出和谈。企图一面和谈，一面继续增兵，搞战争升级。越南军民的顽强反击，使美国的计划屡遭失败。美国总统尼克松上台后，迫于国内及国际压力，不得不调整侵越政策。

1973年1月27日，美国被迫签订《关于在越南结束战争、恢复和平的协定》，宣告结束其在越南的军事行动。主要内容：美国和其他国家尊重越南的独立、主权、统一和领土完整；在协定签字后60天内从越南南方撤出全部美国及其同盟者的军队和军事人员，不干涉越南的内政等。

1973年1月，《巴黎协定》签订，美军被迫撤出越南南方。1975年春，越南军民对西贡发起总攻，于4月30日解放西贡，5月1日解放整个南方。

## 苏联入侵阿富汗

阿富汗位于亚洲中南部，虽然经济落后、土地贫瘠，但它是连接亚欧大陆和印度洋的枢纽。

20世纪70年代，苏联加紧了与美国争夺世界霸权的步伐，积极推行全球战略。阿富汗在苏联的全球战略中具有特殊的地位，从1973年起，苏联便对阿富汗从政治、经济、文化和军事等方面进行渗透，在阿富汗内部培植亲苏势力。阿富汗政局动荡，军事政变不断发生，苏联趁机以支援为名向阿境内派军。1979年9月，试图摆脱苏联控制的阿明发动政变，夺取了政权。苏联担心失去对阿富汗的控制，决定采取军事行动。

1979年12月中旬，苏军把军队集结在预定区域。26日，280架大型运输机在喀布尔国际机场和巴格兰空军基地降落，5000余名苏军和大量军事装备运抵。27日，空降部队兵分三路向阿首脑机关、电台和国防部进发，入侵阿富汗的战争拉开序幕。苏军的闪击行动，使阿明猝不及防，他本人被杀，苏军控制了阿首都喀布尔。随后集结在边境的苏军6个师，以阿富汗发生政变、受新上台的卡尔迈德之邀的名义，分东西两路进攻阿富汗。次年1月2日，两路大军在坎大哈会合，不久苏军占领了阿富汗的主要城市和交通要道。

苏军的入侵激起了阿富汗人民的愤怒，他们奋起反抗，大大小小的起义如雨后春笋。他们利用对地形的熟悉，以游击战、运动战为主，不断奇袭苏军和政府伪军。妄想速战速决，一举征服阿富汗的苏军陷入了阿富汗人民游击战的泥潭之中。

1980年2月，苏军将战略转移到扫荡、清剿反政府的游击队上来，但是阿富汗的地形复杂，苏联现代化机械部队受到严重限制，扫荡并没有收到成效。于是，苏军全面封锁游击队的根据地，切断其对外联系，随后集中优势兵力，分进合击，空降突袭，利用飞机、大炮、坦克对游击队根据地进行猛烈轰炸，清剿根据地的游击队。

出乎苏军意料的是，扫荡和清剿并没有给游击队造成重创，相反，游击队伍迅速壮大到10万余人。他们充分采用机动灵活的战术，破坏苏军交通线，频繁向大城市发起攻击，给苏军和政府军造成很大麻烦。

1989 年 2 月，最后一批苏联军队撤离阿富汗。

1985 年，各战场上的游击队进入相互策应、协同作战的新阶段。6 年战争中，苏军共伤亡 3.5 万余人、耗资 400 亿美元，苏联不但看不到胜利的希望，而且背上了沉重的战争包袱，还遭到国际舆论的纷纷谴责。

阿富汗人民的勇敢抵抗，使苏联在政治、经济、外交、军事上都承受着巨大的压力。1985 年，刚上任的苏共总书记戈尔巴乔夫改变侵阿政策，将清剿起义军的任务移交阿政府军，苏军只控制重要城市和交通要道。

为把苏军赶出国土，推翻现政权，游击队采用奇袭、破坏交通线、迂回包抄等战术，攻击苏军已被孤立的据点，对城市进行围困打援。游击队虽给苏军和政府军造成了很大威胁，但没能改变苏军控制城市和交通线的局面。

在旷日持久的战争僵持和国际舆论的压力下，1988 年 4 月 14 日，苏联被迫接受了日内瓦会议上达成的协议，从 5 月 15 日开始至 1989 年 2 月 15 日，从阿富汗撤出全部军队，苏联侵阿战争结束。

苏联入侵阿富汗，改变了苏联的全球战略，对国际战略格局产生深远影响，也表明苏联的扩张进入了新的阶段。这场战争不仅使苏联付出了巨大的人力、财力，而且其国际声誉也大大降低，为苏联的解体埋下了重重的一笔。

## 马岛之战

在南美洲的最南端，有一块星罗棋布的群岛——马尔维纳斯群岛，简称马岛。英国人把马岛称为福克兰群岛，认为英国人约翰·斯特朗在1690年就曾到过此岛。但是，英国人的说法并没有得到世人的认可，马岛曾被法国、西班牙等国占有。1816年，独立后的阿根廷把马岛变成了自己的第24个省。几年后，马岛上的阿根廷人与到该岛捕猎的美国人发生冲突。在美国人和阿根廷人进行争执的时候，英国人乘机占领马岛。此后，马岛一直为英国所占。

第二次世界大战后，阿根廷多次就马岛问题向联合国提起申诉。1965年和1973年，联合国大会也两次通过敦促英、阿通过和平谈判解决马岛问题的决议，但英阿谈判却丝毫没有进展，不过矛盾也没有激化。

马岛之战中的士兵

随着科学技术的发展，昔日荒凉的马岛被发现埋藏有丰富的石油、天然气和其他矿藏，再加上航运技术的突飞猛进，马岛的地理位置越来越重要。出于对资源的需要，英阿谈判终止。在美国的调停下，不久谈判又得以恢复。1980年，英国虽然同意将马岛主权移交阿根廷，但却要求长期租借马岛。英国的这一无理要求被阿根廷毅然拒绝，此后，英阿两国的矛盾越来越深。1981年，军人出身的加尔铁里被选为阿根廷总统。加尔铁里刚一上台，便开始制订用武力收复马岛的计划。

“马岛是阿根廷的一座宝库，英国人却强行将它占领。100多年过去了，我们实在忍无可忍，我们必须要夺回马岛的主权，把英国人赶出去。”加尔铁里在讲话中表达了他收复马岛的决心。随后，加尔铁里命令军方制订了代号为“罗萨里奥”的行动计划。

1982年4月2日凌晨，4000名阿根廷海军陆战队队员在航空母舰“五月花”号的统领下，乘坐数艘军舰浩浩荡荡地奔赴马岛，经过精心策划的阿军登陆马岛后攻占了机场和港口。英国对马岛已经占领了100多年，没有料到阿根廷军队会进行突袭，所以只在岛上留驻了80名守军，其余英军被调到南乔治亚岛同阿根廷军队交战。世界各国的目光马上聚集到马岛上。

初战告捷的阿根廷人举国欢庆，士气高涨，加尔铁里也因此成了民族英雄。而此时的英国国内则一片议论。

为了稳住国内阵脚，撒切尔夫人于4月3日召开紧急会议，并发表了激烈的讲话：“英国的领土主权多年以来第一次受到了侵犯，福克兰群岛是英国发现的，岛上居民的生活方式是英式的，而阿根廷人却占领了它，这是对大英帝国的侮辱，我们必须把它夺回来。”随后，英国议会决定派出一支由英国海军少将约翰·伍德沃德为统帅的特混舰队开赴马岛。看到英军势在必得的架势，美国国务卿黑格又想通过外交方式来调解英阿的矛盾，但这一次没有成功。

4月25日，英军击毁了阿根廷数艘潜艇、巡洋舰，马岛在英战斗机的疯狂轰炸下一片狼藉。30日，英军完成了对马岛周围200海里范围的海上和空中封锁部署，阿军也进入了最高戒备状态。5月2日下午，英国的“征服者”号核潜艇在马岛200海里禁区外36海里处击毁了阿海军旗舰“贝格尔诺将军”号巡洋舰。第二天，在马岛北侧，英军用“海鸥”式导弹击沉了阿军的“索布拉尔”号巡逻艇。

面对英军咄咄逼人的攻势，加尔铁里把目光投向了从法国购得的5枚“飞鱼”导弹上。5月4日，英国花费2亿多美元最新建造的“谢菲尔德”号军舰被阿根廷“超级军旗”战斗轰炸机携带的两枚“飞鱼”导弹击中了。不久，英国当作“第三艘航空母舰”用的大型运输商船——“大西洋运送者”号也被“飞鱼”导弹击中。这对英军是一个沉重的打击。

但是，阿根廷在总体实力上毕竟不能与老牌资本主义英国相抗衡，当最后一枚“飞鱼”导弹发射出去后，阿根廷再也拿不出任何足以抵抗英国的力量了。6月8日，3000名英军乘坐“伊丽莎白二世女王”号客轮登上马岛，使岛上的英军人数增加到了8000人。英军牢牢地掌握着马岛的海空控制权，并封锁了马岛。

6月13日，英军调集火力，飞机、导弹、大炮等一齐向马岛进行了最后轰炸，阿军阵地瞬间被夷为平地。次日晚7时，马岛阿军司令梅内迪斯将军向英军投降，为期74天的马岛之战终于结束了。

世界新格局

## 东欧剧变

1989年12月，波兰修改了宪法，将国名由“波兰人民共和国”改为“波兰共和国”。这样，在东欧国家中出现了第一个非社会主义国家。

波兰是东欧诸国中局势最不稳定的一个国家。第二次世界大战后，尤其是华沙组织成立之后，波兰的经济大多采用苏联的模式和管理体制，实行中央高度集权，限制商品经济，强化指令性计划，片面强调重工业，使农、轻、重工业比例严重失调。20世纪70年代，波兰政府不顾实际情况，推行“高速度、高积累、高消费”的政策，大量地借外债，以此来提高人民的生活水平。

1980年7月，波兰政府举借的外债已高达300亿美元，波兰政府不得不采取冻结工资、提高商品价格的措施来偿还外债。对政府的这种做法，群众极为不满，以各种活动进

随着东欧政局的剧变，苏联的军队开始撤出这一地区。

行抗议，波兰经济顿时陷入混乱。

政府宣布肉类价格上涨40%～60%的当天，一座小城里的交通设备厂的工人举行了罢工。很快，罢工浪潮席卷各地。这次罢工成为波兰战后规模最大、持续时间最长的群众抗议活动。在罢工中，有一个叫瓦文萨的年轻人脱颖而出，他原是格但斯克造船厂的电工，由于无法忍受波兰政府的政策，他四处奔走，广泛联络，成立了“团结工会”，他本人担任工会主席。在瓦文萨的宣传下，团结工会很快壮大起来，在总人口不足3700万的波兰有950万人成为工会的会员，而且，政府部门也有大批官员加入了团结工会。

1981年9月，团结工会召开了第一次代表大会。会上通过了《纲领决议》，决议明确指出，“不承认波兰统一工人党的领导和社会主义”，宣布要“改造国家机构”，并公开提出要夺取国家政权。会后，瓦文萨开始准备武装夺权的各项工作，建立了武装工人卫队。

在团结工会的策划下，波兰全国进行了无休止的罢工，全国经济陷入瘫痪状态，使人们本来就困难的生活更加雪上加霜。没多久，人们对团结工会也产生了怀疑。

在这种情况之下，雅鲁泽尔斯基将军出任统一工人党第一书记。雅鲁泽尔斯基是一个手段强硬的人，他并没有被接手的烂摊子吓倒，而是宣布从12月13日零时起在全国实行军事管制，取缔团结工会，并且逮捕了瓦文萨等团结工会的领导人。这次罢工浪潮总算被压制下去了，波兰经济开始复苏。可惜好景不长，1988年，波兰再次出现了财政危机，物价暴涨，罢工浪潮再度掀起。在这种形势下，美、英等国政府也开始向波兰政府施加压力，要求波兰政府恢复团结工会的合法地位。

在内外交困的情况下，统一工人党于1988年12月举行十届十中全会，决定在波兰实行政治多元化和工会多元化，有条件地承认团结工会为合法组织。

东山再起的瓦文萨吸取之前的经验教训，表示不再以推翻当局而是以帮助政府摆脱困境为主要目的。次年2月，波兰政府与团结工会及其他反对派举行圆桌会议，统一工人党向团结工会做了原则性的让步，同意实行立法、行政、司法三权分立，实行总统制和议会制，进行议会和参议院的大选。

按照圆桌会议达成的协议，1989年6月，波兰举行议会选举。在选举中，统一工人党虽然获得了议会中的299个席位，但在参议院中未获一席，而团结工会则获得了参议院100个席位中的99个。团结工会一跃成为控制两院的第一大党。

在议会投票中，雅鲁泽尔斯基以一票的微弱优势当选为波兰总统，而新政府则由团结工会的成员为主。

出任总理的是团结工会顾问马佐耶茨基，此外，在23名内阁成员中，团结工会占12席，统一工人党仅占4席。就这样，统一工人党节节败退，在不久后波兰议会通过的宪法修正案中，又删去了统一工人党在国家中起领导作用和波兰是社会主义国家的条文，将国名由“波兰人民共和国”改为“波兰共和国”。在1990年12月的大选中，在美、英等国的支持下，瓦文萨当选为波兰共和国总统。

波兰是东欧国家出现的第一个非共产党领导的政府，紧接着，东欧各国一个接一个地相继发生剧烈的政治变动。匈牙利、保加利亚、捷克斯洛伐克、罗马尼亚、阿尔巴尼亚等国的共产党失去政权。

总体来看，东欧剧变是以美国为首的西方国家实施和平演变战略的结果。

## 苏联解体

1991 年 12 月 25 日，在克里姆林宫上空飘扬了 69 年之久的有着镰刀和锤子图案的苏联国旗徐徐落下，取而代之的是一面蓝白红三色的俄罗斯国旗，世界上第一个社会主义国家苏联就这样消逝在历史之中。

苏联是无产阶级革命导师列宁亲手缔造的，建国之初，面对以美国为首的西方帝国主义的干涉，苏联人民给予了坚决反击。第二次世界大战后，苏联开始了与美国争夺世界霸权的明争暗斗。20 世纪 70 年代末，苏联的政治、经济与民族关系出现了严重的危机。但是，苏联领导人认为依然有必要与美国抗衡，只相当于美国经济实力 1/3 的苏联就这样维持着与美国不相上下的庞大的军费开支。1979 年，苏联入侵阿富汗，这不仅使苏联陷入了经济泥潭之中，还使苏联共产党的威信一落再落。

在这种情况下，54 岁的戈尔巴乔夫于 1985 年出任苏共中央总书记。

戈尔巴乔夫出生于俄罗斯联邦南部的斯塔夫罗波尔边疆区的一户农民家庭，他从小就聪明过人。1950 年，戈尔巴乔夫进入莫斯科大学法律系学习，毕业后，戈尔巴乔夫从事共青团工作，曾任边疆区团委宣传部副部长、第二书记、第一书记，一路青云直上，直到成为契尔年科时期的第二把手。随着外交活动的增多，西方世界普遍认为戈尔巴乔夫是一个平易近人又思辨超群的人。

戈尔巴乔夫上台后，大刀阔斧地进行了改革。他主张进行深刻的经济体制改革，以提高人民生活水平为重要任务。重视科技发展，强调在科技进步的基础上提高生产效率，把社会主义民主和人民自治提上议事日程。在对外关系上，他主张缓和矛盾和和平共处。此外，他还进行了重大的人事调整，提拔年轻干部，以保证共产党的年轻化，新的上层领导核心基本形成了。

1987年，戈尔巴乔夫在《改革与新思维》一书中阐述了政治改革的民主社会主义的思想倾向，强调“新思维的核心就是承认全人类的价值观的优先地位”。在苏共代表大会上，戈尔巴乔夫明确地提出了“人道的、民主的社会主义”的概念。《改革与新思维》其实是其对外政策上的新思维，为了取得与西方国家的和平，苏联主动裁军，和美国签署清除部署在欧洲的中程导弹条约，从东欧撤军，甚至还做出了一些不切实际的妥协和退让，如对西方干预东欧各国的“自由化”改革不加干涉，最终加速了东欧剧变。所有这些都使得苏联在国际上的地位下降，许多人开始对戈尔巴乔夫表示不满。

随着改革的加深，苏联的政治和经济局面不但没有好转，反而越来越糟糕，社会变得混乱和动荡。无政府状态迅速蔓延，罢工、犯罪事件不断，反对党公开反对社会主义。民族主义趁机抬头，矛盾斗争激化。

图为戈尔巴乔夫访问巴黎期间与法国总统密特朗举行会谈。

1989年8月，民族分离主义势力组织的“人民阵线”在波罗的海沿岸举行抗议活动，提出“脱离苏联”。1990年3月，苏共的法定领导地位被取消，多党制和总统制开始实行，戈尔巴乔夫当选为苏联首任总统。同月，立陶宛宣布独立，紧接着，爱沙尼亚、拉脱维亚、亚美尼亚也先后宣布独立。

面对失控的政局，戈尔巴乔夫于1990年11月提出了新联盟条约草案，草案规定，除国防、外交和关系全国经济命脉的部门仍由联盟中央掌握外，其余主权均归各共和国所有。将“苏维埃社会主义共和国联盟”改名为“苏维埃主权共和国联盟”，不再强调社会主义。但是，苏联再一次统一的最后希望还是破灭了。

1991年8月19日，副总统亚纳耶夫向外宣布，正在黑海克里米亚度假的总统戈尔巴乔夫因健康状况无法继续履行苏联总统职责，他本人即日起履行总统使命，并宣布实行紧急状态，成立苏联紧急状态委员会，呼吁全国人民支持他们采取重大措施，使国家和社会尽快摆脱危机。尽管戈尔巴乔夫在“八一九”事件中被叶利钦等人解救出来，但他已无法继续留在领导职位上。8月24日，戈氏宣布辞去苏共中央总书记职务，于12月25日辞去总统职务。

12月1日，苏联的15个加盟共和国全都宣布独立。21日，除格鲁吉亚外的原苏联11个加盟共和国签署了《关于建立独立国家联合体协议议定书》。26日，苏维埃举行最后一次会议，从法律上宣布苏联解体。

## 海湾战争

1990年8月2日凌晨，伊拉克突然出动了10多万兵力，以迅雷不及掩耳之势进攻邻国科威特。科威特是一个小国，只有2万人的部队根本禁不住伊拉克军队潮水般的进攻。次日，伊拉克军队攻入科威特王宫，随后占领科威特全境，并宣布科威特政府被推翻，将成为伊拉克的第19个省。

伊拉克的这种侵略行为很快激起了国际社会的强烈谴责。联合国安理会先后12次通过决议要求伊拉克恢复科威特的主权与独立，尽快从科威特撤军，并对伊拉克实行经济封锁和武器禁运。其他国际组织也相继与伊拉克方面接触，试图说服伊拉克领导人结束这场侵略战争。但是，处于内外交困中的伊拉克总统萨达姆·侯赛因却对此置若罔闻。萨达姆心里有自己的如意算盘，他知道国际社会正把眼光盯在忙于和平演变的苏联身上，中东地区根本不会引起太大注意。

伊拉克入侵科威特使美国等西方国家在海湾的利益受到了威胁。为了保证在海湾地区的石油利益和战略地位，为了防止伊拉克操纵石油输出国组织进而控制西方国家经济命脉，也为了维持中东地区的稳定和势力均衡，显示在世界事务中的作用，美国与部分西方国家制订了代号为“沙漠盾牌”的军事行动计划，随后便以联合国的名义开始了在海湾地区的大规模的军事集结。

多国部队进入伊拉克沙漠区。

11 月 29 日，联合国安理会通过了授权使用武力将伊拉克军队赶出科威特的 678 号决议，规定 1991 年 1 月 15 日为伊拉克从科威特撤军的最后期限。萨达姆根本无视国际社会的和平努力与联合国的最后通牒，依然加紧扩军备战。在积极进行军事部署的同时，还打出了“人质盾牌”作为对“沙漠盾牌”的反应：禁止所有敌视伊拉克国家的外国公民离开伊拉克和科威特，一旦战争爆发，这批滞留在伊拉克和科威特的外国人将成为第一批牺牲品。同时，以美国为首的 8 个国家派往海湾地区的军队已经达到了 70 万人左右，组成了以美军将领斯瓦茨科夫为总司令的多国部队，做好了随时发起军事行动的准备。海湾地区剑拔弩张，一场恶战已不可避免。

1991 年 1 月 17 日，以美国为首的驻海湾多国部队向伊拉克发动了大规模的空袭，开始执行“沙漠风暴”军事计划，720 多架飞机从不同的方向向伊拉克的 60 多个目标发起攻击。由于此前采取了迷惑伊拉克的措施，多国部队的军事行动并没有被伊拉克方面察觉。当巴格达市民还处在甜美的睡梦中时，一枚枚炸弹落了下来。代表美国最先进技术的F-117隐形战斗机把一颗激光制导炸弹投到了位于巴格达闹市区的电话电报公司大楼的正中，在剧烈的爆炸声中，大楼周围火光冲天，而负责守卫大楼的伊拉克士兵还不明白到底发生了什么事情。顷刻间，密集的炸弹从天而降，铺天盖地地落下，爆炸声不绝于耳。总统府大楼、国防部大楼、空军指挥部大楼及近郊的萨达姆国际机场等军事目标先后被击中。很快，整个巴格达处于一片火光之中。

在连续不断地进行狂轰滥炸的同时，驻守在波斯湾海域的多国部队的军舰，向伊拉克及科威特也发射了近百枚载有重磅弹头的“战斧”式巡航导弹。

伊拉克虽然对多国部队强大的空袭进行了还击，但却收效甚微。80%的“飞毛腿”导弹被美国的“爱国者”导弹拦截，伊拉克的反击能力被削弱了。

经过一个多月的空中打击，伊拉克的指挥系统、导弹基地、军工厂等均遭到了严重的毁坏和损伤。2月，多国部队统帅部决定执行代号为“沙漠军刀”的作战计划，转入地面进攻阶段。在多国部队强大的攻势下，伊拉克最精锐的共和国卫队伤亡惨重。

2月26日，萨达姆被迫下令驻扎在科威特的伊拉克军队撤离科威特。27日，萨达姆宣布无条件接受安理会关于伊拉克的决议。至此，历时42天的海湾战争结束了。

## 纳尔逊·曼德拉

南非位于非洲大陆的最南端，是一个由印度洋和大西洋环抱着的三面临海的国家。南非有着丰富的地下矿藏，被称为“钻石王国”，历来都是欧美各国争夺的对象。1961 年，南非宣布退出英联邦，成立南非联邦共和国。南非联邦不断推行种族隔离政策，广大黑人深受其害。为了夺得自由，占南非人口 75% 的黑人与白人统治者进行了不屈不挠的斗争。而曼德拉则是南非争取独立运动的见证人。

曼德拉，1918 年出生在南非东南部特兰斯凯的一个部落酋长家庭。9 岁那年，曼德拉的父亲得了一场重病，在临终前把年幼的曼德拉交给部落大酋长照顾。好心的大酋长像对待自己亲生儿子一样对待曼德拉，并让曼德拉接受良好的教育。1938 年，曼德拉进入大学读书。在大学里，他一面读书，一面参加学生运动。1941 年，来到约翰内斯堡的曼德拉感到种族歧视越来越严重，于是投身到反抗种族主义的斗争中。1943 年，曼德拉参加了非洲人国民大会，并当选为非国大青年联盟全国书记。两年后，曼德拉又当选为非国大副主席。由于曼德拉领导黑人以非暴力方式对抗政府的 6 项种族歧视法令，南非政府指控他犯有“叛国罪”。1956 年 12 月，南非政府出动了 1000 名警察在全国范围内对黑人解放运动积极分子进行突击性大搜捕，曼德拉与其他非国大领导人相继被捕。

曼德拉在法庭上为自己进行了无罪辩护，但白人政府却一直没有放过对他的迫害，从 1962 年到 1990 年，曼德拉在狱中度过了 28 年的岁月。曼德拉虽然人在监狱，但他的心永远和黑人同胞在一起。他在法庭上所作的辩护词是让南非人民永远难忘的：“我把大声疾呼反对各族歧视看成我的责任。我与白人统治进行斗争，

20 世纪 80 年代，南非爆发了声势浩大的反种族主义示威运动。

也反对黑人专利。我珍视民主社会的理想，也准备为这种社会献出生命……”

曼德拉在服刑期间，始终坚持为黑人的解放事业而努力。他在监狱里不但积极地学习，还经常对犯人进行宣传鼓励，并密切观察南非黑人斗争的新动向。

随着国际形势的变化，南非人民的正义斗争得到了国际社会的同情和支持，要求释放曼德拉和其他政治犯的呼声越来越高。

1989 年，德克勒克继任南非总统。为了摆脱政治经济困境，德克勒克发表重要声明，解除对一些黑人解放组织的禁令，宣布无条件释放曼德拉，被囚禁了 28 年的曼德拉终于获得了自由。出狱后的曼德拉仍然以旺盛的精力投入到消除南非种族歧视等重大问题的工作中去。1991 年 6 月 30 日，南非种族隔离制度宣布结束。几天后，曼德拉当选为非国大主席。1993 年，曼德拉与德克勒克总统共同获得了当年的“诺贝尔和平奖”。

1994 年 4 月 26 日，南非人民兴高采烈，他们穿着节日的盛装，在温暖的阳光下跳着欢快的舞蹈。这一天是南非大选日，许多政党都参加了这次选举。而且，这次大举是南非有史以来第一次不分种族的全民选举。

3 天后，选举结果揭晓，曼德拉领导的非国大在这次选举中获得了 62.5% 的选票。5 月 10 日，曼德拉在比勒陀利亚的政府大楼广场上宣誓就职："我们保证，我们的人民一定会从贫困、苦难、歧视中解放出来。"

非国大执政宣告着南非进入了一个新的时期。当时曼德拉面临的挑战是严峻的，但他却以不屈不挠的精神和南非人民一起挺了过来，努力实现民族和解，提高人民的生活水平。

1999 年，非国大在南非第二次不分种族的全民选举中再次获胜，曼德拉毅然拒绝了再次蝉联总统的机会，把总统职位让给了新一代领导人姆贝基。

## 科索沃战争

科索沃是南斯拉夫联盟塞尔维亚共和国的一个自治省，其居民 90% 以上是阿尔巴尼亚人，其余是塞尔维亚和黑山人。历史上，阿族和塞族长期不和。20 世纪 80 年

塞尔维亚人抗议北约的轰炸。

北约对科索沃的空袭，使无数的塞族人逃往马其顿。

代末，阿族人要求建立“科索沃共和国”，从塞尔维亚共和国脱离出来。一直视科索沃为家园的塞族人不愿放弃，两族矛盾激化，阿族极端分子组建了“科索沃解放军”，暴力冲突愈演愈烈。1998年2月，南联盟总统米洛舍维奇派军队对阿武装进行镇压，科索沃局势急剧恶化。

科索沃危机伊始，以美国为首的北约就积极卷入，使其国际化，以便利用科索沃民族矛盾来扩大北约的影响，实现在科索沃驻军，进而控制巴尔干地区，完成东扩目标，并从该地区排挤俄罗斯的传统势力。1999年1月，在美国的操纵下，冲突双方进行谈判，但谈判最终破裂。3月24日，北约以保护人权为名，对南联盟开始了代号为“盟军”的大规模空袭行动。

3月24日19时，以美国为首，拥有19个成员国的北约盟军，在其最高司令兼美军驻欧洲部队总司令韦斯利·克拉克上将的指挥下，一批接一批的北约战斗机、轰炸机向南联盟军营、防空设施、电厂、通信设施实施猛烈轰炸，科索沃战争由此开始。

27日前，北约空军先后进行4轮空袭击，旨在摧毁南联盟的防空体系、指挥和控制中心、军工厂和在科索沃的塞族部队。但南联盟军民并没有屈服，纷纷拿起武器，对北约的入侵进行顽强的抵抗。美国最先进的、拥有不可战胜神话的F-117隐形飞机在贝格尔莱德以西60千米的上空被击中，坠落在布贾诺夫齐村附近。在海湾战争中显赫一时的“战斧”巡航导弹命中率仅为20%，多次被南军防空武器截击。

3月28日，美军对南联盟开始了新一阶段的空袭。对南部的南联盟地面军队和军用物资进行疯狂轰炸，试图摧毁南军的军事装备，迫使南联盟屈服。南联盟军队充分利用山多、地形复杂的有利条件和当时多雨多雾的有利天气，分散队形，隐藏弹药等军需物品，不失时机创造局部优势，采用藏、打、运动、迂回相结合的战术，不断使北约的飞机、导弹部队受到突袭。

南联盟军民的反抗，给北约军造成严重损失。4月13日，美国总统克林顿宣布对南联盟扩大空袭范围、增加空袭强度，实施24小时不间断轰炸。轰炸开始变得惨无人道，民用设施如桥梁、铁路、公路、工厂、电视台、通信系统、电力系统、供水系统、医院、商店，甚至居民楼都遭到狂轰滥炸。灭绝人性的空中绞死，使南联盟1800多名平民丧生，6000多人受伤，近百万人沦为难民，20多家医院被毁，300多所学校遭到破坏，交通干线、民用机场、广播电视基本瘫痪。

北约的野蛮行径遭到国际社会的强烈反对，引起全世界人民的极大愤怒，北约在国际社会中越来越孤立。6月5日，在中、俄及联合国秘书长安南的斡旋下，北约和南联盟在马其顿举行谈判。9日，双方签署了南军撤退协议书，北约结束了对南联盟的轰炸。

科索沃战争是20世纪末世界格局转型进程中的一个重要的阶段性标志，这场战争使南斯拉夫人民遭受巨大灾难，联合国宪章和国际法准则遭到践踏，世界和平与发展受到严重威胁。通过这场战争，美国及其西方盟国利用北约组织在推进欧洲地区的整合、实现其主导世界新格局的战略目标方面又迈进了一步。

## “9·11”事件

2001年9月11日，美国东部地区发生一系列严重恐怖袭击事件，纽约的世界贸易中心和位于华盛顿的美国国防部所在地五角大楼等重要建筑遭到恐怖分子的袭击，并造成重大人员伤亡。这一事件必将载入美利坚民族的史册，也必将长存于人类的记忆之中。

9月11日，纽约当地时间上午8时25分，一架由波士顿飞往洛杉矶的美国美洲航空公司第11次航班飞机，突然与空管中心失去了联系。空管中心马上意识到该架飞机遭到了劫持，立即与北美防空司令部取得联系。当防空司令部想做出一些应对措施时，被劫持的飞机已经撞在了纽约曼哈顿世界贸易中心的北侧大楼。十几分钟以后，一架由华盛顿飞往洛杉矶的第77次航班客机撞击世贸中心南侧大楼。两架飞机撞入楼内，喷出一团巨大的火球。当时是美国人上班高峰时期，听到巨响后，在世贸大楼附近的行人和住户忙抬头观望，眼前的景象使他们惊呆了。

就在人们还没明白过来发生什么事时，一辆辆警车长鸣而来。虽然消防队员和救护人员克服千难万险进入大楼对困在里面的人员进行抢救，但却无法挽回爆炸吞噬的生命。据幸存者之一的德维塔回忆：“当北楼被撞以后，人群才陷入了恐慌……最令人难过的是，当我们一步一步摆脱死亡纠缠的时候，一些年轻的生命

（与他们相向而行的救护人员和消防员们）正陷入到了绝境之中……”

为“9·11”事件中的死难者祷告

世界贸易中心由两座塔楼组成，分居南北，高110层，是曼哈顿地区的标志性建筑。当初在建造世贸中心时，动用了1万多名工人，历经了8年时间。楼内有世界著名的银行6家，著名的投资公司5家，还有国内外大大小小的公司数千家。每天约有3.5万名雇员在楼内工作，有5万多人从事服务工作。可想而知，世贸中心两座大楼的倒塌会造成多大的损失。

数以千计的生命被坍塌的大楼吞噬，曾经辉煌壮丽的世贸大楼顷刻间灰飞烟灭，成为了历史。

当惊魂未定的人们还处在痛苦的哀叹中时，从华盛顿也传来了噩耗。当地时间上午9时45分左右，美国联合航空公司的第175次航班客机从华盛顿杜勒斯机场起飞后不久，被劫持并撞在了五角大楼西南端。紧接着，美国国务院大楼、国会山附近相继发生炸弹爆炸事件，美国总统府白宫附近发生大火。在宾夕法尼亚州，当地时间上午10点左右，从新泽西州纽瓦克飞往旧金山的联合航空公司的第93次航班客机在距匹兹堡东南130千米处坠毁，机上40名乘客和机组成员遇难……

灾难发生后，刚刚上任的美国总统小布什正在佛罗里达的萨拉索培。当他惊悉恐怖袭击事件后，于9时15分发表声明：“我们国家发生了一起全国性的悲剧。显然是由于恐怖分子的袭击……我已和副总统、纽约市市长以及联邦调查局通过电话，命令动用联邦政府的所有资源来帮助遇难者，已经采取了一切适当的安全防范措施来保护美国人民。并彻底调查追捕策划发动恐怖袭击的人，对我们国家的恐怖主义再也不能继续下去了……”

当日，美国联邦航空局宣布美国有史以来首次关闭领空。与此同时，政府各部门、各大公司等机构的工作人员也都从办公地点紧急疏散，战斗机开始在空中巡逻。

“9·11”这一系列恐怖袭击事件共造成3200多人死亡或失踪，造成的直接和间接的经济损失达数千亿美元，是迄今世界上策划最周密、造成损失最大的恐怖袭击事件。

“9·11”造成重大伤亡的消息迅速传遍全世界，世界各国纷纷发表声明谴责恐怖主义分子惨无人道的袭击。

9月14日，美国参众两院通过决议，授权总统动用武力对恐怖袭击进行报复。15日，小布什表示，美国“正在准备一场对恐怖分子的全面战争”，并认定藏匿在阿富汗并受到塔利班庇护的本·拉登是“9·11”恐怖事件的主谋，决定从10月7日起对阿富汗实施大规模的军事打击。到12月初，在美国和阿富汗北部联盟的共同打击下，塔利班完全放弃抵抗。

“9·11”事件之后，不但美国视恐怖主义为当前头号大敌，世界各国也都把恐怖主义对世界和平与发展的威胁提上了议事日程。

## 阿富汗战争

2001年9月11日，美国纽约世贸中心双子大厦在20分钟内接连遭到两架飞机撞击，相继轰然倒塌，数千人于瞬间死亡。随后，白宫附近起火，又有飞机撞击五角大楼，国会山发生爆炸……这就是震惊世界的“9·11”事件。在随后的调查中，美国认为“9·11”事件的元凶是阿富汗塔利班政权支持下的基地组织首领、沙特富商本·拉登，于是，美国把复仇目标锁定在阿富汗的塔利班政权上。

**阿富汗巴米扬大佛**

巴米扬大佛是古代历史文化遗存，但被极端的塔利班政权炸毁，为人类文明留下永久的遗憾。

阿富汗地处中亚和南亚间的枢纽地带，战略地位重要。长期以来，阿富汗一直是前苏联和其继承国俄罗斯的势力范围，虽然美国觊觎已久，但却欲占不能，而“9·11”事件正为美国势力进入这一地区提供了十分有利的口实。

“9·11”事件后，美国使用外交手段孤立塔利班政权。9月18日，在美国的鼓动下，联合国安理会呼吁塔利班立即无条件交出本·拉登。随后，一些国家断绝了与阿富汗塔利班政权的关系，并从阿富汗撤出了外交人员。此外，美国还向中东、非洲、亚洲、欧洲等一些国家进行游说，使这些国家为其提供领空或是飞机降落的机场。

紧接着，美国开始了军事进攻阿富汗的步伐。美军大量地向印度洋地区结集，特种兵还提前进入阿富汗，在山区搜捕本·拉登。到战争开始之前，大约有 1 万名美军在乌兹别克斯坦和阿富汗边境地区结集。

10 月 7 日，在浓浓夜色的掩护下，美英联军对阿富汗塔利班多处目标发动了首轮空袭，拉开了“持久自由行动”的序幕，打响了美国全球反恐战争的第一枪。

联军空袭的主要目标是阿富汗境内的机场、空防设施以及恐怖分子的基地。

阿富汗喀布尔机场附近地区首先遭到了美军的轰炸，阿富汗南部城市坎大哈和东部城市贾拉拉巴德也遭到导弹袭击。在美国先进武器的攻击下，使用笨拙武器的塔利班武装进行了还击。9 日上午，阿富汗南部城市坎大哈遭到了美军军用飞机和导弹的空袭。此后，美军开始对塔利班政权和拉登的基地组织进行 24 小时不间断的打击。

从 10 日起，美军对阿富汗全境进行空袭。14 日，美军除用飞机轰炸喀布尔外，还用导弹袭击了阿北部重镇马扎里沙里夫、东部城市贾拉拉巴德等。15 日，美军共出动了 50 多架舰载攻击机、10 架 B–1 和 B–52 轰炸机，对阿富汗境内的 13 个目标进行了空袭。与此同时，美军还加强了与阿富汗北方联盟的合作和协调行动。

在美军的协助下，阿富汗北方联盟不断扩大控制地区的范围，使塔利班控制的范围越缩越小。26日，北方联盟军队进入昆都士，至此，塔利班在阿富汗北部的所有据点都已失守，但塔利班残余势力仍在负隅顽抗。

12月7日，曾为塔利班总部的坎大哈塔利班守军投降，塔利班最高领导人奥马尔不知去向。22日，阿富汗临时政府成立。塔利班政权垮台后，美军开始在阿富汗境内展开对塔利班和基地组织残余力量的清剿工作。在山区，美军甚至对每一个山洞进行搜查。不过，对阿富汗境内的塔利班和基地组织的清剿是一项任重道远的工作。

## 伊拉克战争

海湾战争后，联合国第687号决议规定，派遣武器核查小组进驻巴格达。美国企图利用核查小组牵制伊拉克，但核查小组一再受挫，美对伊的政策开始转变。“9·11”恐怖事件爆发后，美国对世界恐怖主义保持高度警惕，并把伊拉克看作是继阿富汗塔利班和基地组织后全球反恐怖战争的打击对象。在联合国核查小组再次对伊进行调查而未发现其拥有核武器和化学武

美军航空母舰上的飞机起飞，准备执行轰炸任务。

萨达姆

器的情况下，美军以清除伊大规模杀伤性武器为名，发动了旨在推翻萨达姆政权的战争。

2003年2月20日，美国在海湾地区集结海、陆、空军队近20万，英军也有4万余人调向这里。美英联军将部队部署在伊拉克周边的沙特、巴林、阿曼、埃及、土耳其等国，并控制了各战略通道。

一直与美国对抗的萨达姆也做好了战争准备，除部署在边疆地区的部队外，他还以巴格达为中心构建了严密的防御体系，准备多层阻击和抵抗联军。

3月20日，美军制订的代号为“斩首行动”的计划开始实施，美F–117隐形轰炸机和导弹对巴格达进行轰炸，拉开了伊拉克战争序幕。在这次空袭中，美军使用“电子炸弹”攻击伊拉克，这种新式武器产生的高能电磁波可使伊军及萨达姆卫队拥有的各类电话、无线电通信和电子计算机等电子设备立刻失灵，并用精确的制导导弹准确地打击伊指挥和控制中心。

为避开美英联军的优势空军和导弹袭击，萨达姆分散兵力，将实力最强的9万共和国卫队、4个特别旅、2个特种部队部署在巴格达周围。并在巴格达周围筑建野战工事，开挖战壕、沟堑，在飞机跑道上放置水泥等障碍物，阻击美英空降部队着陆。

美英联军对伊拉克首都巴格达和其高层领导人的住所等要害

部门进行连续三轮的狂轰滥炸。20日晚21时05分，美英地面部队在战斗机、直升机的掩护下，凭借配备尖端的夜视作战设备，兵分几路对巴格达进行合围，欲以迅雷不及掩耳之势深入巴格达，俘虏或击毙萨达姆。顽强的伊军凭借坚固的防御工事，给美、英军造成了一定的损失，虽然发射的导弹部分被美国的“爱国者”导弹截击，仍有效地阻滞了联军的攻势。

次日，联军以惊人的速度突进，准备以闪电式进攻在短时间内赢得战争，萨达姆的精心布防和顽强的共和国卫队粉碎了美英的“斩首行动”。4月4日，战争形势发生急剧变化，美英联军经过一番调整，大批的后续援兵到位，又开始重新发动大规模进攻，对巴格达西南的萨达姆机场实施争夺。5日，巴格达周围的守兵与联军进行激烈的短兵相接。6日，联军在巴格达上空进24小时不间断空中巡逻，对市内目标继续轰炸，加强对巴格达外围的控制，力图合围。8日，联军连连突破伊军防线，开始从北南两个方向巴格达市区推进。次日，美军进入市中心。11日，美军宣布萨达姆政权垮台，大规模的伊军抵抗行动结束。14日，萨达姆的故乡提克里特市也被联军控制。

伊拉克战争彻底摧毁了萨达姆的专制统治，也给伊拉克人民带来了深重灾难和重大生命与财产损失。战争结束后，伊拉克局势一直动荡不安，国内混乱不堪，不利于伊拉克的社会经济发展。此外，伊拉克战争是人类历史上第一次全程媒体直播的战争，让全世界人民了解了现代化战争。

## 克隆羊多莉

克隆羊多莉诞生于 1996 年 7 月 5 日，1997 年首次向公众披露。它是当年最引人注目的国际新闻之一，曾被美国《科学》杂志评为 1997 年世界 10 大科技进步的第一项。科学家认为，多莉的诞生标志着生物技术新时代的来临。

"克隆"是英文 clone 一词的音译，原意为通过体细胞进行无性生殖，从而使后代个体的基因型与母体完全相同。这一技术名称先是出现在科幻小说中，如《侏罗纪公园》就叙述了一些思想单纯的科学家被不法商人所利用，克隆出 7000 万年前的恐龙的故事。不过这种科学幻想真的变成了现实。

这是威尔莫特与他创造的世界上第一只克隆羊多莉的合影照片。多莉出生在 1996 年，在被认为是一项科学突破的同时也引发了一场关于克隆在伦理方面的激烈争论。

克隆多莉羊的项目是由伊恩·威尔莫特和基思·坎贝尔领导下的罗斯林研究所完成的。威尔莫特等人先利用化学制剂促使一只成年母羊排卵，之后将该卵子小心取出，放入一个极细的与羊体同温的试管，再用特制的注射器刺破卵膜，吸出其中的染色体物质。这时原来的卵原细胞仅剩一个空壳。接下来他们又从另外一只 6 岁母羊的乳腺中取出一个细胞，并抽去细胞核，然后将其与先前的空壳卵细胞融合，生成新的卵细胞。最后，工作人员对这一新细胞进行间断的电击。奇妙的事情终于发生了，这一细胞竟以来乳腺细胞的遗传物质作为基础，开始分裂、繁殖、形成胚胎。威尔莫特和坎贝尔在对胚胎培育了一段时间后，将其移植到第三只成年母羊的子宫内。5 个月之后，这头绵羊生下了一只由体细胞合成胚胎发育成的小羊羔。

小家伙生下来时白白胖胖，一身卷毛，煞是可人。它在出生后 7 个月体重就超过 40 公斤，而且活泼好动，威尔莫特以乡村歌手多莉·帕帕的名字为之命名。

多莉的诞生，一时间成了世界观注的焦点，关于克隆技术的争论也随之而来。从生物学的角度来讲，绵羊和人同属于哺乳动物。克隆羊成功了，那么克隆人也就不远了。但我们是不是要克隆人呢？答案出现分歧。

多数人认为不要。这些人的论据是克隆人的出现违背了自然常理，会形成对旧有社会道德、伦理关系的冲击，甚至使之崩溃。他们举例说，父亲的体细胞核可以与女儿的去核卵组合形成新的卵细胞并在女儿的子宫着床发育，最终生出翻版的“父亲”，这显然有悖人伦。而反对者则强调，即便是没有克隆技术，乱伦事件也不是就可以杜

## ·克隆技术的发展·

美国曾经有教授将单个的胡萝卜细胞培育成性状一模一样的胡萝卜，虽然胡萝卜是植物，复制比较简单，不过他却开辟了一条全新的道路。在他之后，科学家又相继在青蛙、金鱼等较低级的生物身上进行了各种细胞遗传实验。1970年，英国科学家约翰·格登用细胞核移植的方法克隆出蝌蚪，这是人类历史上第一次克隆出动物。1979年，英国的威拉德森把绵羊的细胞胚分成4份，克隆出4只一模一样的小羊羔，不过他用的细胞是卵细胞，还不能算是真正的克隆。后来，他用细胞核技术克隆出了一头牛，这才算真正克隆出的哺乳动物。

绝。该技术出现以后，这类事情完全可以由道德和法律去约束。

伦理问题还没有解决，生育模式的问题又出来了。克隆技术完全可以打破传统的生育模式（即精子和卵子相配形成受精卵），它只需要体细胞和卵细胞浆。照此推理，单身女子或女同性恋者也可实现名正言顺的生育。有人认为这会带来一系列社会问题，而有人则说这是人权的进步。孰是孰非，至今也没有分晓。

除了以上谈到的两个问题，还有一个更棘手的难题，即人权罪恶、历史罪恶问题。身体安全不受侵犯是最基本的人权。而一些人在克隆人还没有出现就开始计划把他们作为人体器官的供应者应用于医疗领域。克隆人也是人类的一员，这样做显然是对人权最严重的亵渎和践踏。至于历史罪恶，则指别有用心的人恶意克隆历史上的罪人，如希特勒、东条英机等，以使他们再度作恶人间。但这种想法变成现实的概率很小，因为一个人的思想、能力、所作所为是要受到历史条件制约的，单纯生物个体的复制不会达到复制历史的目的。

也有人十分憧憬克隆人的出现。比如不能结婚生育的人要求克隆自己，一对不能再生的夫妇要求克隆他们夭折的孩子，还有人要求克隆被突发性事故或灾难夺去生命的亲人。这些要求看起来都是合理的，某些科学家也表示，坚决要克隆人。

就在人们就该不该克隆人这一话题争论不休时，多莉的过早夭折更加火上浇油地使争论变得更加激烈，并且还由一个话题转向了另一个话题。

据罗斯林研究所透露，多莉先是不停地咳嗽，大约持续一周后被确诊为进行性肺病。所谓“进行性”疾病是指患者病情不断发展恶化，生命危在旦夕。

2003 年 2 月 14 日，研究所因为不忍心看着多莉郁郁而终，就对它实施了“安乐死”。多莉的过早夭折再次引发了关于克隆动物是否会“早衰”的争论。因为“进行性”疾病多发生在高龄动物身上，如今却发生在多莉身上，人们不得不怀疑克隆技术自身的完善程度。人们普遍认为，目前克隆

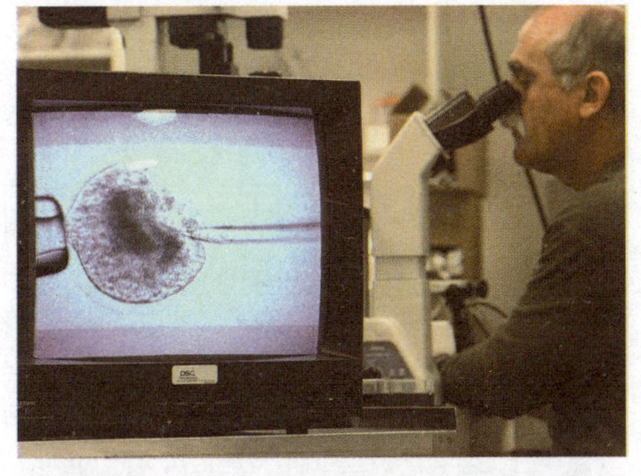

世界各国的实验室对基因进行着持续的研究。图中，马萨诸塞州的科学家正在用吸移管（显示器中矛状物体）将从一个不同种的个体中提取的 DNA 注射入未受精的山羊卵中。

技术水平已经对克隆动物的健康造成了危害，所以就更不能克隆人了。但是，科学界对此还没有最后的结论。

不管争论的结果如何，多莉是人类首次利用成年动物体细胞克隆成功的第一个生命，这是毋庸置疑的。

抛开该不该克隆人这个话题，多莉诞生的积极意义是不可否认的，它不但揭开了分子生物学领域崭新的一页，也为将来从培育细胞的角度治愈帕金森症等疑难病症提供了可行的思路。

## 神奇的火星车

2004年1月3日，美国宇航局就“勇气”号火星探测器即将登陆火星的实验举行了新闻发布会。

“对于‘勇气’号能平稳降落在火星上的古谢夫环形山上，我们没有表示过怀疑，成功概率高达99%，原因之一就是‘勇气’号有安全气囊的保护。而且，宇航局将在‘勇气’号登陆10分钟内得到它登陆的消息，‘勇气’号登陆的第一个信息将在当地时间4号凌晨获得……”美国宇航局官员介绍道。

“在穿过火星大气层的6分钟里，由于摩擦将产生高温，过程如同炼狱一样。”美国国家宇航局太空科学研究负责人威勒介绍道。

负责本次火星探索计划的专家马克·阿德勒补充道：“据刚才发来的消息称，‘勇气’号火星探测器状况良好，已经做好了登陆准备。”

国内外的数名记者又询问了很多关于“勇气”号登上火星的

消息，在场的每一个人都为将目睹这激动人心的一刻而感到激动。

其实，火星车登上火星并不是首次。数十年来，各国共筹划了30多次火星探测，其中20多次以失败告终。苏联1971年的“火星3号”首次登陆火星，但只从火星表面发回了20秒钟的数据后就没有消息。之后发射的“火星4号”未能进入火星轨道，“火星5号”和“火星6号”也因为出现了各种故障而归于失败。

1997年，美国“火星探路者”探测器携带的第一代火星车“旅居者”（又叫索杰那）首次在火星大地上行驶。7年后，“勇气”号和“机遇”号再次登上火星。这一代火星车的性能远远高于第一代。与第一代相比，“勇气”号和“机遇”号的设计寿命是“旅居者”设计寿命的3倍。

这是从1995年发射的“哥伦比亚”号航天飞机的内部所看到的地球。这种图像提供了一种对地球这颗行星的新的认识，它看上去是那样的脆弱，仅是太空当中一个拥有生命的小岛。

与“旅居者”相比，“勇气”号和“机遇”号在个头和能力等许多方面都高出一筹。例如，“勇气”号和“机遇”号存储器的容量是“旅居者”的1000多倍；“勇气”号和“机遇”号均长1.6米、宽2.3米、高1.5米，重174公斤，而“旅居者”只有65厘米长，重仅10公斤；“勇气”号和“机遇”号装有9台相机，分辨率高，而“旅居者”只携带了3台相机，分辨率也较低，等等。

“勇气”号和“机遇”号火星探测器分别于2003年6月和7月发射升空，并计划于2004年1月3日和24日登陆火星。

2004年1月3日20时35分，“勇气”号终于在火星表面成功着陆，并于20时52分向地球发回了第一个信息。监测登陆过程的数百名工作人员在收到这一信息后一片欢腾，人们期待着“勇气”号能在火星上发现水和生命存在的迹象。

“现在已经按预计的时间打开了降落伞，实际上比我们预测的时间稍晚了一些。”

“雷达已经开始捕捉地面的图像了，我们的减速火箭会在20多秒钟以后打开。”

“雷达已经捕捉到地面的情况了。”

帕萨迪纳的宇航局喷气推进实验室里一片欢腾。

从实验室里的大屏幕上可以看到，“勇气”号先是在耐高温表层的保护下，以大约1.9万千米的时速冲入130千米厚的火星大气层，由于空气阻力的作用，在距火星表面8千米左右时，时速降至1600千米，此时直径10多米的降落伞自动打开。当“勇气”号连同降落伞一起接近火星地面时，它的外层气囊弹出。在距地面约12米时，降落伞自动断开，“勇气”号被气囊包裹得严严实实。登陆时，被气囊包裹的“勇气”号像皮球一样在火星表面进行长达数分钟的弹跳、翻滚，直到最后落稳。此时，气囊内的气体自动放出，原来鼓鼓囊囊的火星车这时候像是被一层帆布包着。

“勇气”号着陆的古谢夫环形山区域地势平缓，有利于火星车的弹跳。着陆后的“勇气”号进行了一星期的设备自检，在地面人员的操纵下，它在火星表面考察数日，并把用相机所拍摄的图像发回地球。

“勇气”号和“机遇”号共耗资2亿美元，是自“哥伦比亚”号航天飞机失事后美国宇航局最大的一项太空计划。

“旅居者”在火星上共移动了约105米，而“勇气”号和“机遇”分别在火星表面行驶了4000米和5000米。

## 比尔·盖茨

一位哈佛大学的高才生参加比尔·盖茨的面试。比尔·盖茨问:“你是哈佛大学毕业的吗？”他回答说:“是的，未来的老板。”比尔·盖茨又问:“你很聪明吗？”他说:“我是以第一名的成绩毕业的，智商应该不错。”“你既然这么聪明的话，那亚马孙河有多长？”那位高才生愣在那里答不上来。比尔·盖茨微微一笑说:“显然你不够聪明。”他建议这位哈佛大学的高才生多读一些书再来面试。

可见，在比尔·盖茨心目中，读书是至关重要的一件事，否则就谈不上聪明，更谈不上会取得什么大的成就。盖茨本人就是一个酷爱读书的人，很小的时候，他喜欢读《世界图书百科全书》，经常一看就是几个小时，后来又喜欢上了名人传记和文学作品。广泛的阅读为他积累了丰富的知识，再加上良好的家庭教育，因此他从小就表现出了与同龄人不同的超常智慧。他幼时的同学曾经回忆说，盖茨绝不是那种在同学中无足轻重的角色，而他的超常聪明也是大家公认的。

盖茨的超常聪明，不知是从书本上来，还得益于他执着于自己的爱好，只要是自己喜欢的东西就一定要学精学透，这一点在他学习编程上就可以看得出来。

11 岁时，盖茨的父母送他去了西雅图的湖滨中学，这是西雅图管理最严的一所学校，以严格的课程要求而著称，专门招收超常男生。在那里，盖茨进入了计算机软件世界。

盖茨和他的一个好朋友保罗·艾伦疯狂地迷上了计算机，他们热衷于解决难题，获得了越来越多的计算机知识。13 岁时，盖

### ·计算机的发明·

1946 年 2 月 14 日，ENIAC（The Electr-onic Numerical Integrator And Computer）在费城面世。ENIAC 代表了计算机发展史上的里程碑，它通过不同部分之间的重新接线编程，拥有并行计算能力。ENIAC 是第一台普通用途计算机。

ENIAC 是由美国政府和宾夕法尼亚大学合作开发研制的，美国物理学家莫奇利任总设计师。这个世界上第一台电子管计算机，用了 18000 个电子管、1500 多个继电器，耗电 150 千瓦，占地达 170 平方米，重 30 吨，运算速度每秒钟 5000 次。

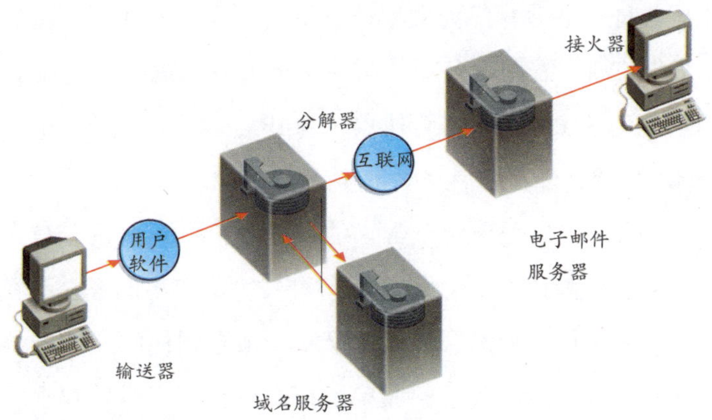


信息通过用户计算机软件传到因特网服务供应商的分解器上，分解器从域名服务器上下载有关的信息。分解器将信息送入网络协议地址注册表。这些信息会传回到用户计算机上，两者由此建立了联系。于是，信息就可以传送。在图中，信息传到了电子邮件服务器上，一直会保存到接收器下载为止。

茨就已经会自编软件程序了，只不过在当时是为了游戏。1972 年，盖茨和保罗搞到了英特尔的 8008 微处理器芯片，摆弄出了一台机器，成立了交通数据公司。1973 年，盖茨从湖滨中学毕业，进入了哈佛大学。在哈佛上学的两年时间里，盖茨的大部分时间都用在了编程序和打扑克上面，他还在那里结识了同样爱好计算机的史蒂夫·鲍尔默，后者以后成为了微软公司的总裁。1974 年，世界上第一台微型计算机阿尔塔诞生，这给盖茨和艾伦的交通数据公司提供了编写 BACIC 的机会，经过两个多月的艰苦奋战，他们编写的 BACIC 语言在阿尔塔计算机上运行成功！ 1975 年，盖茨对自己未来的发展前途已经明了于心，他最终说服了父母，从哈佛大学退学，和艾伦在新墨西哥州的阿尔伯克基建立了微软（Microsoft）公司。当时，盖茨 20 岁，艾伦 22 岁。微软是微型计算机（Microcomputer）和软件（Soft）的缩写，它明确地指明了公司的发展方向就是为专门为微型计算机编写软件。如今，微软是世界软件业的霸主。微软公司的第一次重大发展机遇出现在 1980 年，当时盖茨与 IBM 公司签订协议，为 IBM 公司新生产的个人电脑编写操作系统软件，即后来举世闻名的 MS-DOS。

天道酬勤，比尔盖茨超于常人的付出，也得到了超于常人的回报。1982 年，盖茨 27 岁，他在软件开发方面取得的成功已经为世人瞩目，这一年，美国著名的《金钱》杂志用他的照片做了封面。1986 年 3 月，微软公司的股票上市发行，一年后，微软股价急剧飙升至每股 90.75 美元，而且还有继续向上攀升的趋势。当年，美国《福布斯》杂志将盖茨列入美国 400 名富翁中的第 29 位，当时，年仅 31 岁的盖茨拥有的股票价值超过 10 亿美元。1990 年，微软推出了视窗 3.0。1992 年，盖茨成为美国最富有的人，拥有 60 亿美元的股票价值。2000 年，盖茨任命鲍尔默为微软首席执行官，而自己则为“首席软件设计师”。